La philosophie du bonheur

Fabien DUVAL

Table des matières

Le langage

Le but d'une conversation entre deux personnes, c'est bien sûr de se comprendre. Analysons plus précisément ce que cela signifie. Si vous me dites quelque chose, l'important pour moi n'est absolument pas d'interpréter ce que vous me dites, ni même comme on le fait trop souvent en français dans les petites classes, ce que vous avez pu vouloir dire, moyennant quelques déformations en vertu des figures de styles. L'important n'est donc pas ce que j'ai compris, mais ce que vous avez voulu me dire. Il est clair que pour qu'il n'y ait pas de déformation entre ce que vous voulez me dire, et ce que j'en comprends, il faut que vous soyez le plus simple possible, et que ce que vous dites ne prête pas à questionnement ou interprétation.

Appelons idée, ou concept, ce que vous avez voulu me dire. Ce que vous utilisez pour me parler ou m'écrire, ce sont des mots.

Partons du principe (une sorte d'axiome, si l'on veut), qu'il n'y a aucun caractère absolu entre un mot et l'idée qui lui correspond, ou plutôt l'idée qu'on a voulue lui faire correspondre.

Appelons un mot, une étiquette. Une étiquette est par pure convention collée sur l'idée dont j'ai voulu parler.

Exemple

Si je veux parler de ce qui existe en dehors de nous, je pourrais utiliser l'étiquette « réalité ». Mais je pourrais tout aussi bien utiliser l'étiquette « vérité ». L'important est que je sache très bien la réalité dont je veux parler, et l'associe à un mot. Associer une étiquette et une idée, c'est donner une définition.

Vous allez voir l'intérêt de cette conception tout à l'heure, dans les applications que je vais en donner.

Est-ce naturel de dénuder un mot ?

Ce que vous pourriez trouver perturbant, dans la conception que j'ai
d'un mot, c'est qu'il est dénudé de toute connotation, de toute valeur, de toute charge émotionnelle. Par exemple, le mot « aimer »,
pour un individu, est relié à son passé, à son histoire, à des situations, à des personnes, bref un tel mot est relié à une constellation
d'émotions, de sentiments, de sensations, d'autres idées. Il est bien
entendu tout naturel de considérer un mot comme étant un élément
parmi une constellation d'autres mots. Mais la conception du mot
dénudé donnera d'assez bons résultats, certes des résultats purement
logiques : quand on dénude un mot de toute sa charge émotionnelle,
on peut par avance s'attendre à ne voir apparaître que des faits logiques, sans saveur sentimentale.
On va quand même essayer. Vous verrez si cette conception vous
convient, ou pas.

Exemple : différence entre vérité et réalité

D'après la vision du langage que je vous propose, « vérité » et
« réalité » sont deux étiquettes (ce ne sont que deux étiquettes). Si
je veux parler de ce qui existe en dehors de nous (ça, c'est l'idée), je
peux par exemple utiliser l'étiquette « réalité » pour parler de ce
concept. Que faire de l'étiquette « vérité » ? Ce que vous souhaitez.
Si vous voulez exprimer quelque chose d'autre (c'est l'idée, ou le
concept), vous pourrez utiliser cette étiquette. Par exemple, vous
pouvez poser, par définition, que chaque personne va voir la réalité
avec ses propres yeux, à travers ses émotions, et aura sa vision de la
« réalité ». Pourquoi ne pas coller l'étiquette « vérité » sur ce
concept ? A ce moment là, chacun aurait sa propre « vérité » de la
« réalité ».
Mais je ne voulais pas vous amener là quand j'ai commencé à écrire
ce paragraphe. Je voulais arriver à la conclusion que puisque dans

cette conception, une étiquette est collée sur un objet de façon purement arbitraire, se demander quelle est la différence entre
« vérité » et « réalité » n'a pas de sens. Autrement dit, comme ces deux étiquettes doivent être définies pour être utilisées, se poser la question de la différence qu'il y a entre ces deux étiquettes, avant de les définir précisément en leur associant un concept ou une idée, n'a tout simplement aucun sens.

Donc d'après cette conception que je vous propose, se poser une question concernant la nature d'un mot, d'une étiquette, n'a tout simplement pas de sens.

Application 1 : Prendre conscience de la possibilité de manipuler les mots.

Il y a des règles très strictes concernant la possibilité de faire des recherches sur les cellules humaines. A mon avis, l'idée sous-jacente est la suivante : supposons qu'un scientifique fasse des manipulations sur une cellule-oeuf. Sachant qu'un spermatozoïde précis a fusionné avec un ovocyte précis, la cellule-oeuf, si on la laissait se développer donnerait un bébé, puis un enfant, et après un adulte. Donc lorsqu'on manipule une cellule-oeuf, on manipule un être en devenir, et du coup, on tue quelqu'un. Aurait-on idée de tuer un enfant à des fins de recherches ? Bien sûr que non, si l'on est un tant soit peu vertueux et civilisé. De la même façon, on ne peut pas tuer un être en devenir.

Une deuxième façon de voir les choses est de penser qu'à partir du moment où Dieu a « produit » un être vivant, il a décidé de son existence, et donc on n'a pas le droit d'aller à l'encontre d'une telle décision.

Mais certains rusent d'ingéniosité. Puisque toute la recherche bio-médicale est régie par le Droit, s'il est écrit dans un article de loi qu'il est interdit de faire de la recherche sur les embryons, c'est donc un crime que de le faire, puni par la loi qui plus est.

Le Droit a ses limites : il est régi par des mots. L'idée possible d'un détracteur est la suivante : si le droit condamne la recherche sur l' « embryon », il est interdit de toucher à la réalité sur laquelle est collée l'étiquette « embryon ». Mais si on déplaçait un peu l'étiquette ? Nous allons diviser la réalité en deux : utilisons l'étiquette de « pré-embryon », que nous collons au tout début de l'évolution de la réalité « embryon », puis je conserve l'étiquette « embryon », que je colle juste après l'étiquette « pré-embryon ». Vous vous demandez où je veux bien en venir avec ces étiquettes. Voici la conclusion : le texte de Droit, écrit à l'aide de mots, est toujours le même. Mais la réalité sur laquelle est collée l'étiquette « embryon » est plus petite. Mais comme il semble ne pas exister de texte de loi régissant l'utilisation des pré-embryons, du coup, un chercheur futé mais mal intentionné pourrait très bien manipuler le pré-embryon : si la loi ne l'interdit pas, rien ne peu le lui interdire. Conclusion : pour ne pas aller à l'encontre de la nature et donc de Dieu lui-même, il est nécessaire de cadenasser toute la réalité ! Et pas simplement les mots, qui peuvent se déplacer « judicieusement » en fonction du but que l'on veut atteindre.

Application 2 : Le clonage.

Quand j'étais en première année de médecine, mon professeur de génétique a parlé brièvement du clonage, et il a parlé de ce qu'il a dénommé le fantasme d'immortalité. Qu'est ce que ce concept ? L'idée est que si quelqu'un arrivait à se cloner ad vitam aeternam, il pourrait avoir la vie éternelle.

Démontrons que ce concept n'a pas de sens. Supposons que vous vous cloniez. Sur quelle réalité se colle ce que l'on nomme par l'étiquette « clone » ? Votre clone serait une personne qui aurait le même code génétique que vous. On a une foule d'exemples répondants à cette définition : ce sont les vrais jumeaux (les jumeaux homozygotes pour ceux qui s'y connaissent). Si l'on prend un couple de vrais jumeaux, l'un ayant été élevé par son père, et l'autre par sa mère, ce sont radicalement deux personnes totalement différentes. Ils ont vu, se sont intéressés à des choses différentes, se sont développés dans deux environnements différents. Bref, même s'ils ont le même code génétique, ce ne sont pas du tout les mêmes personnes. Ils avaient peut-être le même cerveau au départ (quand ils sont nés), mais plus maintenant.

Et vous ? Vous vous imaginez avec un frère jumeau qui n'aurait en plus pas le même âge que vous ? En plus de tout ce qui a été dit précédemment, vous et votre clone ne vous seriez pas développés à la même époque. Alors pensez-vous : vous êtes radicalement différents.

Vous ne pouvez donc pas, en vous clonant, avoir la vie éternelle. Vous êtes résolument unique, par votre histoire personnelle, par vos idées, par vos fantasmes, par les émotions que vous éprouvez, etc.

Application 3 : Qu'est-ce que l'intelligence ?

Si je vous demande ce qu'est l'intelligence, vous penserez très probablement au QI. Respectant le principe des mots dénudés, se demander ce qu'est l'intelligence de façon absolue n'a tout simplement pas de sens : l'étiquette « intelligence » est collée sur ce que l'on veut. Elle ne correspond à aucune réalité, de façon absolue. Alors, il est licite de se demander sur quelle réalité on va coller l'étiquette « intelligence ». L'idée est de coller « intelligence » sur la réalité de façon la plus pertinente possible. Faisons une expérience de pensée. Imaginons que vous marchiez dans la rue. Vous voyez une vieille dame qui a du mal à marcher, mais qui souhaite traverser la route. Un homme la regarde, semble amusé de la situation, et continue son chemin sans rien faire. Personnellement, je me dirais quelque chose comme : Quel con ce type ! Supposons qu'il ait un QI de 150 (un surdoué). Un autre homme arrive, voit la vieille dame, prend conscience qu'elle est en danger, et l'aide à traverser la route en sécurité. Cet homme a un QI de 100.

Pour ma part, je suis d'avis que l'homme qui fait traverser la vieille dame est bien plus intelligent que celui qui ne s'occupe pas d'elle et la laisse en danger. Il est clair que la définition de l'intelligence, liée au QI, ne me semble pas très pertinente.

Mais pour coller l'étiquette « intelligent » sur une réalité pertinente, il est nécessaire de se demander comment qualifier le deuxième homme. Il est prévenant, gentil, il aide son prochain. Toutes ces qualités, je les appelles des vertus. Le deuxième homme est vertueux, alors que le premier ne l'est pas.

Je trouve pertinent d'associer intelligence et vertus. Les hommes les plus intelligents sont ceux qui possèdent le plus de vertus, par définition.

Mais le deuxième homme, au moment où la vieille dame voulait traverser, aurait pu être déboussolé car, par exemple, sa petite amie l'aurait quitté la veille. Alors, il n'aurait pas eu la tête à aider la vieille dame.

Nous arrivons à une absurdité : un même homme est à la fois intelligent, et à la fois stupide, ce qui est impossible.

Nous pouvons nous sortir de cette contradiction en disant que cet homme adopte tantôt un comportement intelligent, et adopte tantôt un comportement stupide. C'est donc le comportement que l'on adopte qui est qualifié d'intelligent.

Nous pouvons adopter une définition qui est à mi-chemin des deux définitions précédentes. Un homme est intelligent s'il peut adopter, quand la situation l'exige, un comportement intelligent.

Donc, est intelligent, un homme qui possède un grand nombre de vertus, et qui est capable d'adopter, et adopte, un comportement vertueux, intelligent, quand la situation l'exige.

Vous voyez qu'en fonction de ce que j'ai voulu dire, j'ai décollé l'étiquette « intelligent » de la réalité liée au QI, et je l'ai collée sur les hommes qui peuvent être, et sont, vertueux.

La philosophie

Lorsque j'étais en première, j'ai demandé à mon professeur de littérature française s'il y avait un moyen simple pour découvrir la philosophie, cette discipline tellement caricaturée à tort par beaucoup de personnes. Il m'a suggéré de lire André Comte-Sponville, car selon lui, la pensée de cet auteur était simple, et pertinente.
Je suis donc allé dans une librairie. Il y avait seulement deux livres d'André Comte-Sponville : « L'amour, la solitude », et « Le bonheur, désespérément ». Je les ai achetés tous les deux.
Ces deux livres ont été le socle de toute ma philosophie, et plus généralement de toute ma vie.

Définition de la philosophie

Pour André Comte-Sponville, « La philosophie est une pratique discursive qui a la vie pour objet, la vérité pour norme, et le bonheur pour but ».
J'ai adopté cette définition : je vous en montrerai les conséquences tout à l'heure. Mais pour le moment, essayons de comprendre ce que cette définition signifie.
Une pratique discursive : cela signifie un discours, une conversation, que l'on peut avoir avec soi-même : c'est le cas d'une dissertation. Il peut aussi s'agir d'une conversation que l'on peut également avoir avec une autre personne : on pourra alors dire que l'on discute philosophie avec une autre personne.
La vie en est l'objet. En mathématiques, on discute d'objets mathématiques : les fonctions, les matrices, etc. En physique, on discute de la réalité physique qui nous entoure : la lune, l'orage, l'électricité, le mouvement d'une balle qu'on lance. Mais en philosophie, nous réfléchirons sur des sujets qui concernent l'humain, et qui

nous touchent directement : le bonheur, l'amour, l'amitié, le courage, la mort, etc.

La vérité en est la norme. En mathématiques, lors d'un raisonnement, si l'on part de quelque chose de faux, ou de douteux, on arrivera à un résultat qui sera sans doute douteux. Par contre, si je pars de quelque chose de vrai, et que mon raisonnement est correct, j'aboutirai à une conclusion exacte.

En philosophie, j'admets que c'est la même chose. Pour arriver à quelque chose d'exacte, il est nécessaire de partir d'une hypothèse qui soit exacte, le plus vraie possible, et il est aussi nécessaire que votre raisonnement soit le plus exact possible. Si l'on part d'une hypothèse qui est juste, en raisonnant correctement, on aboutira probablement à un résultat censé. En fait, c'est un peu plus complexe. Par exemple, en géométrie euclidienne, on part de quelques « axiomes », qui sont des briques élémentaires, qui permettront de construire le reste de l'édifice de la géométrie euclidienne. Ces briques sont simples, et en nombre très limitées. Les saisir toutes en même temps est de l'ordre du possible. Donc, puisque toute la « réalité » de la géométrie euclidienne est connue, on dispose de toutes les informations possibles, de sorte que le raisonnement n'oublie aucune donnée, donc le résultat auquel on parvient est juste, si le raisonnement est également juste.

La formalisation de la vie est autrement plus complexe. Les paramètres qui entrent en jeu dans une situation réelle sont tellement nombreux, qu'on ne peut les connaître tous à la fois. C'est impossible, et notre capacité intellectuelle, limitée, ne pourrait de toute façon pas permettre d'exploiter en même temps un grand nombre de paramètres. Donc on est obligé de simplifier la situation, pour ne garder que certains arguments, ceux qui nous paraissent les plus pertinents. Mais rien n'indique que d'autres arguments, qui n'auraient pas été pris en compte, ne jouent pas un rôle encore plus important que ceux qui ont été pris en compte dans le raisonnement. Donc, partir d'une hypothèse « juste » peut aboutir à une conclusion qui soit peu pertinente. C'est pourquoi, pour que la conclusion puisse être « raisonnable », il faut partir des hypothèses qui semblent les plus adaptées, et qui semblent avoir le plus d'importance. C'est à ce prix qu'à partir d'hypothèses, en nombre très limité, un raisonnement juste permet d'arriver à un résultat ayant une certaine cohérence. Bien sûr, il faudra ensuite avoir un regard critique sur le résultat en question, afin de savoir s'il est bien adapté à la situation que l'on veut résoudre.

Définition la plus large possible de la philosophie

Lorsque l'on fait de la physique, on dit parfois qu'on philosophe. On dit ça lorsque l'on réfléchit avec des mots, ce qui est fondamentale, et ce qui est d'ailleurs le point de départ de toute science. Quand on fait de la philosophie, ou lorsqu'on lit un philosophe, on réfléchit afin de faire le raisonnement le plus juste possible, et afin de trouver les idées qui nous sembleront les plus pertinentes et adaptées.
Les grands philosophes (Kant, Platon, etc.) ont des expressions et des idées qui diffèrent de l'un à l'autre. Mais ce qu'il y a de commun entre tous les philosophes, et les physiciens et les autres scientifiques, c'est la réflexion. L'objet de la réflexion est différent, la façon de raisonner est différente, l'expression est différente, mais ce qu'ont de commun tous les philosophes, c'est qu'ils réfléchissent, c'est qu'ils raisonnent.
Je donnerais la définition que j'estime la plus large possible de la philosophie, qui se fonde sur le point commun entre les philosophes.

La philosophie, c'est avant tout réfléchir.

Réfléchir à quoi ? Cela dépend des philosophes. Certains s'intéressent à la métaphysique, d'autres aux sujets d'actualité, à la géopolitique, à la mort, et bien sûr, au bonheur.
En outre, même si je prétends avoir donner une définition assez large à la philosophie, il ne faut pas perdre de vue que chaque philo

sophe a ses sujets de prédilection, a sa façon de raisonner, a ses objectifs : pour certains, le but de la philosophie est de ne plus avoir peur de la mort et de l'accepter. Pour d'autres, comme pour moi-même, c'est le bonheur.

Demander ce qu'est la philosophie à un philosophe, consiste à déterminer la conception qu'il a de la philosophie, la définition qu'il en donne. On pourrait donc demander à un tel philosophe :

Quel est votre but quand vous réfléchissez ? A quoi réfléchissez-vous ? Pour vous, qu'est-ce que la philosophie ?

Application : quel est le sens de la vie ?

C'est une « application » peut-être quelque peu inattendue. Vous vous demandez peut-être d'ailleurs en quoi la définition de la philosophie peut avoir une telle application.

C'est plutôt une similitude dans le raisonnement que l'on peut avoir lorsqu'on réfléchit à cette question, et lorsqu'on a réfléchi à la philosophie il y a quelques instants.

La philosophie n'a effectivement pas de but. C'est une discipline, un art, que pratiquent les philosophes. Mais les philosophes, eux, ont un but quand ils réfléchissent. Certains veulent connaître la « Vérité ». D'autres s'intéressent au bonheur, et essayent de trouver comment être heureux.

Appliquons cette manière de raisonner à la question du sens de la vie.

Tout d'abord, je définirais que le sens que l'on donne à quelque chose, est le but vers lequel cette chose nous permet d'aboutir. J'affirmerais en outre que les seuls qui peuvent avoir un but, ce sont les êtres doués d'une conscience, c'est à dire les humains, et dans une moindre mesure les animaux. La vie est un état, l'état dans lequel nous sommes tous en ce moment. Un état n'a pas de but, par définition. Par contre, vous, humains, avez des buts. Donc, se demander quel est le sens de la vie est un non-sens, tout au moins un abus de langage. Par contre vous avez des buts, des objectifs, des rêves,

dans votre vie. Le sens de la vie, ou plus exactement le sens de votre vie, est le sens que vous donnez à votre vie. C'est donc ce que vous recherchez tous les jours. Pour moi, c'est le bonheur. C'est mon but, dans ma vie : être heureux, ou essayer de l'être le plus possible. Pour ma part, ma vie a un sens. Je l'ai formalisé. A quoi cela peut bien me servir d'avoir répondu à une telle question ? Imaginez-vous auprès de votre petite amie : vous êtes heureux (nous verrons tout l'heure ce qu'est le bonheur et comment on peut être heureux). Mais prenons un peu d'avance. Votre petite amie vous quitte. Vous vous sentez très mal, au point d'avoir des idées noires. Et vous vous dites peut-être que votre vie n'a plus de sens. Pour ma part, dans une telle situation, je ne pourrai pas faire grand chose contre mes émotions. Mais je pourrai au moins me dire la chose suivante : je suis peut-être malheureux maintenant, mais je sais quel est mon but dans ma vie : être heureux. Même au fond du précipice, même dans la nuit la plus noire, ma vie continue à avoir du sens, le sens le plus beau qui soi selon moi : la recherche du bonheur.
Si je me sens mal et que mon but est d'être heureux, je vais tout faire pour retrouver le bonheur perdu.
Mais au fait qu'est-ce que le bonheur ?

Définition du bonheur

Je me suis un jour posé cette question. Et j'ai mis environ deux semaines à me rendre compte que le bonheur était un sentiment, une émotion que l'on éprouve.
Ai-je le droit d'affirmer cela ? Rappelez-vous du principe des mots dénudés : le bonheur est une étiquette, que l'on colle où l'on veut. Mais sur quoi est-il pertinent de la coller ? Autrement dit, de quelle façon le définir intelligemment ?
Je vais poser cette définition : Le bonheur est le sentiment que j'éprouve quand je me sens bien. J'associe donc bonheur et bien-être, et pose par définition que les deux étiquettes renvoient à la

même réalité : quelque chose que l'on ressent : une sensation, une émotion, un sentiment.

Essayons de regarder un peu quels sont les types de bonheur.

Lorsque je revois des amis de longue date, que j'aimais bien, je suis très content de les voir, je passe un super moment, je suis heureux. C'est ce que j'appellerai joie.

Lorsque vous éprouvez des sensations de plaisir avec votre petite amie : c'est le plaisir sexuel et le plaisir sensuel.

Enfin, quand vous faites une méditation pleine-conscience, ou une séance de sophrologie ou de yoga, vous vous sentez tout simplement bien. Ce type de bonheur, appelons-le sérénité, ou plénitude.

Les détracteurs du bonheur

Il existe des philosophies et/ou religions, où le plaisir sensuel et sexuel est perçu comme péjoratif. Quelle astuce les détracteurs du sexe ont-ils trouvé ? Il suffit tout simplement de décoller l'étiquette « plaisir » du concept de bonheur. Et il suffit d'associer l'étiquette plaisir à quelque chose de péjoratif, ou de honteux. Et il suffit enfin de prôner le bonheur, en redisant bien sûr que le plaisir n'est pas lié au bonheur.

Que comprendront ceux qui ne sont pas initiés à la philosophie ? Ils risquent de prendre pour argent comptant cette conceptualisation péjorative, et ils risquent de se dire que puisque le sexe n'est pas le bonheur, mais puisqu'il faut être heureux, il est préférable de se détourner du sexe. D'un point de vu inconscient, une telle définition implicite du bonheur (qui se détournerait du sexe) a des conséquences redoutables : certains pourraient se détourner du plaisir, du sexe, pourraient même avoir honte d'éprouver du plaisir, sans vraiment savoir pourquoi.

Mais cette histoire va beaucoup plus loin. Imaginez un patron d'une entreprise qui fasse comprendre à ses salariés que le bien-être au travail s'obtient quand on fait du bon travail, et quand on produit du chiffre et des objectifs. Là, quelqu'un de non initié au monde des idées pourraient prendre là encore cette conception pour argent comptant, et du coup s'enfoncer dans le travail, sans jamais être heureux.

Quelle est l'idée des puissants, qui affirment que le bien-être au travail est lié aux bon résultats que l'on obtient ? L'objectif de ces gens « intelligents » est de faire en sorte que leur entreprise tourne, et prospère. Et du coup, que la société française prospère. Mais à quel prix ?

Connaissez-vous le fameux dicton : « Métro, boulot, dodo » ? Il désigne les gens qui se lèvent très tôt le matin, qui partent au travail, qui passent leur journée à travailler, et le soir qui rentrent chez eux fatigués, trop fatigués pour faire autre chose que dormir. Et le cycle recommence. Il s'agit d'un modèle théorique, bien que certaines branches de métiers s'en approchent parfois beaucoup. On peut rapidement se poser une question, qui à l'échelle collective, me semble importante. Nous pourrions avoir l'impression que la société n'est globalement plus au service de l'individu, mais que c'est le contraire : l'individu est devenu au service de la société. Mais qu'est-ce qui est le plus important ? L'être humain ? Ou la société qu'il constitue ?

Pour moi, il n'y a pas matière à discuter : la société n'existe pas sans les humains qui la constituent, mais les être humains, eux, existent, indépendamment de la société dans laquelle ils sont. L'important est l'humain, la personne. Et non la société, aussi vue parfois comme une personne morale. Pour ma part, je ne crois pas que ce soit une personne. Et je crois encore moins qu'elle soit douée de la moindre moralité.

Revenons au bonheur.

Comment être heureux ?

Cela dépend bien sûr de la définition que vous avez donnée au bonheur. Prenons ma définition : c'est le sentiment de joie, la sensation de plaisir, l'état de sérénité et de plénitude dans lequel on est.

Si l'on veut pleinement satisfaire la définition qui est la mienne, c'est plutôt vers le sexe opposé qu'il faut se tourner, comme on le voit et comme on le conclue très aisément.

Il y a un point que je voudrais soulever. Certains pensent que le bonheur est une limite vers laquelle on peut tendre, mais qu'on ne peut de toute façon pas atteindre. Cette conception est à mon sens très dangereuse. Supposons que vous soyez joyeux (joie). Supposons que vous réfléchissiez et que vous vous dites à ce moment que le bonheur n'est de toute façon pas atteignable. Alors vous vous mettrez dans une très mauvaise position pour être heureux : vous ne serez pas dans des conditions idéales pour être heureux.
Or, le bonheur, c'est un sentiment, une sensation, donc un sensation de l'instant présent : je me sens joyeux, j'éprouve du plaisir, je me sens serein, ce sont des ressentis du moment présent. On n'est pas heureux parce qu'on l'a déjà été. On est pas heureux parce qu'on risque de le devenir. On est heureux, parce qu'on se sent heureux, là, maintenant.

L'intégrale du bonheur

Je vais essayer de construire un outil qui permet de se rendre compte du caractère instantané du bonheur, et sa compatibilité avec quelque chose qui s'inscrit dans la durée.
Imaginez que l'on veuille « mesurer » le bonheur que vous éprouvez, là, maintenant, à un instant t. Nous désignerons par $B(t)$ l'intensité du bonheur que vous éprouvez à un instant t.
Supposons que B varie de -100 : c'est le pire désespoir que vous puissiez éprouver. $B = 0$ correspond à un état parfaitement neutre vis à vis du bonheur, c'est à dire que vous n'êtes ni heureux, ni malheureux. $B = 100$ correspond au bonheur le plus intense que vous puissiez éprouver.
Faisons une petite expérience de pensée. Ce matin, je me réveille pour aller au travail ($B = 0$). En chemin, je croise un jolie fille, qui

me sourit : B = 50. J'arrive au travail, en me remémorant cet instant heureux, mais qui a perdu quelque peu en intensité (B = 40). Je suis convoqué auprès de mon supérieur hiérarchique, qui me dit que mes résultats sont très mauvais, et que, par conséquent, je suis viré : B = -50.

Comme vous l'avez compris, l'intensité du bien-être que vous éprouvez varie en fonction de la journée, suivant les circonstances, les évènements qui vous arrivent.

Quel est le but ? Pour moi, ce serait de faire en sorte de rendre le plus haut possible B au cours de la journée. Si vous tracez la courbe B(t) en fonction de la journée, vous trouverez une courbe qui varie. L'idée est de prendre l'intégrale de cette fonction, c'est à dire la « somme » du bonheur éprouvé, au cours d'une durée que l'on choisit. Le but est donc de maximiser l'intégrale de B(t), par exemple au cours d'une journée :

$$\int_{journée} B(t)$$

Je vous avouerais que je ne me pose jamais une telle question au cours de la journée, rassurez-vous. L'intégrale du bonheur était simplement construite pour vous illustrer qu'au cours de la journée, il y a des moments, certes, où vous serez heureux. Mais il y aura des moments où vous vous sentirez moins heureux. Si on pouvait appuyer sur un bouton, l'idée serait de faire en sorte que la somme du bonheur éprouvé pendant une heure, une journée, une année , etc. soit le plus grand possible.

Application 2 : la femme idéale.

Il arrive parfois que l'on croit qu'une fille est sa femme idéale. Mais si ça ne marche pas comme on veut, il se peut qu'il survienne des sentiments de regrets.

Nous définirons un regret comme le sentiment désagréable que l'on éprouve lorsque les conséquences d'un choix sont douloureuses, car elles ne correspondent pas du tout à ce qu'on voulait, ou plutôt ce que l'on désirait. Donc, c'est un peu comme si la réalité que l'on obtenait ne correspondait pas du tout à celle qu'on espérait.

Se dépatouiller d'une telle situation est assez compliqué. Le regret est un sentiment. Autant je peux agir sur mes pensées, autant il m'est très difficile d'agir (seul) sur mes émotions.

Je vous présente une conception, qui, si on l'adopte, peut a priori permettre d'atténuer toute émotion péjorative liée aux regrets qui sont liés au constat que telle femme n'est peut-être pas la femme idéale.

On peut définir la femme idéale comme une femme qui nous correspond, à tel point que nous nagions dans un bonheur intense et durable.

Mais si je suis de mauvaise compagnie, si je suis prétentieux, méprisant, dédaigneux, etc., la femme idéale en question risque d'être en très mauvaise disposition pour être heureuse, et du coup, décide de me quitter.

Donc la femme idéale n'est pas idéale en elle-même. Par contre, elle peut se rendre idéale, c'est à dire être gentille, sexy, etc. à la condition bien sûr que je me rende moi-même idéal.

Donc je ne suis pas non plus un homme idéal. Mais si j'en ai envie (désir), je peux me rendre idéal, en tout cas le plus idéal possible.

Définissons-donc un couple idéal comme ceci : est idéal un couple où les deux personnes s'apprécient suffisamment pour se montrer idéaux l'un vis à vis de l'autre.

Le cerveau. Dieu

Principe d'équivalence esprit-corps

Lorsque vous pensez à quelque chose ou à quelqu'un, certaines zones de votre cerveau sont activées. Il est clair que l'activation de neurones est quelque chose qui appartient au corps. Cette activation correspond à la genèse d'une pensée, qui de l'ordre de l'esprit.
Si vous bougez le bras, les lèvres, ou si vous faites un quelconque autre mouvement, certains de vos neurones sont aussi activés (ceux appartenant à une zone appelée le cortex moteur).
Si vous êtes heureux, ou malheureux, on admettra qu'il y a un ensemble de zones dans votre cerveau qui sont très actives, le temps d'un instant.

Voici le principe d'équivalence corps-esprit, qu'il faudra pour le moment admettre. C'est plus un axiome qu'un résultat : A chaque évènement qui est en lien avec quelque chose qui se passe dans le cerveau, il y a équivalence entre cet évènement et l'état d'activation de votre cerveau.

Illustrons le principe d'équivalence : lorsque vous regardez un coucher de soleil, vous le voyez car une zone à l'arrière de votre cerveau (on appelle cette zone, la région occipitale) est activée d'une certaine façon. L'idée est donc la suivante : c'est de dire que la perception du paysage (phénomène psychologique), c'est exactement la même chose que l'activation des zones de votre cerveau qui sont activées.
Autre exemple, vous êtes heureux au temps t : $B(t) = 70$. Le bonheur est une émotion (phénomène psychologique), qui équivaut à une hyper-stimulation de certaines zones de votre cerveau (phénomène biologique). Dire que cet ensemble de zones est stimulé, ou dire que vous êtes heureux, c'est pareil.

Disons de façon plus général ce qui est équivalent d'après ce principe : équivalence entre biologie et psychologie, entre physiopathologie et psychopathologie.

Emergence de la conscience

Dans votre cerveau, il y a une foule de choses (des neurones, des cellules gliales, etc.). Supposons pour simplifier qu'il n'y ait que des neurones : cette simplification ne met absolument pas en péril l'idée, le raisonnement tenu pour expliquer l'émergence de la conscience.

Les neurones sont organisés dans l'espace (ils ont une position précise), et sont connectés entre eux.

Supposons que, par exemple, grâce à une imprimante 3D (c'est impossible, mais supposons-le), on dispose les uns à côté des autres, les neurones dans l'espace. L'idée est que c'est justement la disposition des neurones les uns à côté des autres, c'est à dire le fait qu'ils soient placés les uns à côté des autres, et qu'ils aient une position bien précise les uns à côté des autres, qui correspond à l'existence d'une conscience.

Il serait donc possible de créer une conscience. Il suffirait pour cela de créer un réseau d'objets, qui communiquent ensemble de façon bien précise (par la gravitation, l'électricité, une quelconque autre interaction) de telle sorte d'induire l'apparition d'une conscience.

La mer a-t-elle une conscience ?

La question peut sembler ridicule. Et pourtant, la mer est composée d'une foule d'objets : de l'eau, des poissons, du plancton, etc.

Et si la disposition de certains éléments constituant l'océan induisait l'émergence d'une ou de plusieurs consciences ? Rien n'interdit de l'imaginer.

21

On pourrait aussi imaginer que le vent induise l'émergence d'une
ou de plusieurs consciences.

L'air, l'eau, les plantes, la Terre… Il se pourrait bien que ces entités,
par les molécules, atomes, et objets plus complexes qui les constituent, induisent l'émergence de consciences.

Si la Terre a une conscience, a-t-on le droit de l'appeler Dieu ?

Dieu

Le Dieu le plus grand que je puisse imaginer, est l'univers tout entier. Cela mérite une petite explication. Lorsque l'on regarde le ciel,
une nuit sans nuage, ce que l'on voit est magnifique : des centaines
d'étoiles. En fait, nous sommes dans une galaxie, la voie lactée, et
celle-ci contient des millions d'étoiles. Il y a des millions de galaxies. Bref, les étoiles, les galaxies, peuvent être assimilées à des
sortes de « neurones » de l'univers. Les étoiles communiquent
entres elles (au moins) par les forces gravitationnelles et électroma-
gnétiques : autrement dit, la gravitation, et la lumière.

La disposition dans l'espace des étoiles, peut très bien induire
l'émergence d'une conscience. Il s'agirait de la conscience de l'univers, que j'appelle le Dieu primordiale. Notre univers pourrait donc
penser, réfléchir, avoir une vie, comme nous.

Peut-on imaginer que Dieu ait pu nous créer ?

Pour ma part, je pense que Dieu (ou l'un des Dieux) a très bien pu
nous créer. Vous vous demandez probablement comment on peut
justifier un tel argument : nous sommes sur Terre, donc nous
sommes à l'intérieur de son cerveau (l'univers).

La question devient simple : à votre avis, vous, pouvez-vous transformer votre cerveau ? Certains d'entre vous se disent que non :
comment en effet « transformer » quelque chose qui se trouve dans
notre crâne ?

Avant de rencontrer cette fille pour la première fois, je ne la connaissais pas. Mais maintenant, j'ai son image dans mon esprit. Je peux y penser. Or, une pensée est justement une transformation de notre cerveau. Donc, quand je pense, réfléchis, quand je vois quelque chose, lorsque j'entends quelqu'un me parler, mon cerveau se modifie, tout simplement. En fait, votre cerveau se modifie tout le temps.

Je peux créer une pensée, grâce à une décision que j'ai prise (modification du cerveau). Grâce à leur cerveaux, des ingénieurs peuvent créer un avion, une voiture, un ordinateur. Certains essayent même de créer une intelligence artificielle : ils se prennent pour Dieu, d'un certain point de vue.

Mais le Dieu Univers tel que je le conçois, a un cerveau (les étoiles, etc.) qui est probablement infiniment plus perfectionné que le notre, de la même façon que le cerveau d'une mouche est fortement différent du notre.

Donc Dieu, en réfléchissant, a pu modifier son cerveau, et a pu nous créer, tout simplement, de la même façon que des ingénieurs créent un avion. Ce Dieu primordial, pourrait être appelé, si vous me permettez cette image, notre Dieu-Ingénieur.

Pour ma part, il est donc très facile de concevoir que Dieu ait pu nous créés.

Comment connaître notre Dieu ?

En faisant de la physique, nous avançons dans la connaissance de notre univers, donc de notre Dieu. Lorsque je regarde le ciel, une nuit étoilée, je suis tout simplement satisfait de pouvoir voir quelques minutes une partie de notre Dieu-Ingénieur, ou plus exactement, si on veut être très matériel, de voir une partie de son cerveau.

Dieu est-il figé ? Vieillit-il comme nous ?

La réponse est simple : tout dépend de l'évolution de notre univers. L'univers serait en expansion constamment, ce qui signifie que le cerveau de Dieu se développe, comme le notre. Les étoiles naissent, et meurent, ce qui signifie que le cerveau de Dieu se transforme. Notre Dieu est-il éternel ? J'espère vraiment que oui, mais tout dépend à mon avis d'une seule question : quelle sera l'évolution de l'univers ? Sera-t-il en expansion constamment, sera-t-il donc éternel ? J'espère. Je ne sais pas.

Zeus, Aphrodite, Athena : existent-ils ?

Je pense que c'est tout à fait possible. Si l'on croit que ce sont des légendes, on oublie une chose simple : si nous avions été grecques ou romains, nous aurions sans doute cru en ces Dieux, de la même façon que les catholiques croient en Dieu, et que les musulmans croient en Allah.

Indépendamment de savoir ce que sont ces Dieux, je crois qu'il est très probable qu'ils ont existé, et qu'ils existent toujours.

En fonction de la disposition des molécules et objets plus complexes, nous pourrions imaginer qu'il y a a peut-être des consciences, et donc des Dieux un peu partout : L'Univers, le Soleil, La Terre, la Mer, l'Atmosphère, etc.

J'ajouterais ceci : en ce moment, vous êtes en train de me lire. Mais cette nuit, vous allez dormir, ne serait-ce qu'un peu. Et vous allez rêver, peut-être. Donc, votre état de conscience peut se modifier. Lorsque vous vous couchez, et que vous vous réveillez le lendemain matin « directement », comme s'il ne s'était rien passé, vous étiez dans le « néant » : votre état de conscience a disparu, et a réapparu lorsque vous vous êtes réveillés.

On peut donc très bien imaginer que des consciences puissent naître, par exemple en raison d'une certaine disposition des atomes dans l'air, puis disparaître.

Les plantes, les arbres ont peut-être une conscience. Plus marrant, votre coeur, vos poumons, ont peut-être une conscience. Vous vous dites peut-être : mais enfin, je ne le ressens pas, comment cela pourrait-être possible ? Je vous ferrais alors remarquer que vous n'avez pas conscience non plus qu'il y a une conscience derrière la porte d'entrée de votre appartement : le facteur par exemple. Bref, j'ai conscience que j'existe, je conçois que vous puissiez exister, mais je ne ressens pas nécessairement que vous existez. Bref, j'ai conscience de ma conscience. Mais je n'ai pas conscience de la votre : j'ai juste conscience que vous en avez une.

Dieu a-t-il toujours existé ?

J'anticipe un peu sur le chapitre sur la Physique. Vous l'avez lu, ou vous lirez ce chapitre sur le temps. Donc j'utilise ce résultat simple, que je vous démontrerai dans le chapitre sur la physique : le temps n'existe pas.
Quand on conçoit que le temps n'existe pas, toute question portant sur lui n'a pas de sens.
Autrement dit, se demander s'il y a eu une origine à l'univers, donc à Dieu, n'a pas de sens. Ou du moins, elle ne peut pas se concevoir. Même si l'on dit que l'univers a toujours existé, on commet une « faute » : on emploie le mot « toujours » qui est défini à l'aide d'une durée : une durée infinie. Comme le temps n'existe pas, les mots comme « toujours », n'ont pas de sens, de façon absolue bien sûr. En effet, on peu construire le concept de temps : même s'il n'a pas d'existence absolue, le concept de durée se défini à l'aide du mouvement. Ce qui existe, ce sont les objets, qui bougent les uns par rapport aux autres. C'est à partir de leur mouvement qu'on définit une durée de référence (la seconde, dans le système international).

La médecine

Selon l'OMS, l'organisation mondiale de la santé, la santé est un état de complet bien-être physique, psychique, et sociale. Pour ma part, j'associe bien-être et bonheur. Donc la santé serait une forme de bonheur. En fait ce n'est ni une condition suffisante, ni une condition nécessaire au bonheur. Mais quand on se sent bien à tout niveau, il est beaucoup plus facile d'être heureux. La santé n'est pas synonyme de bonheur, mais en facilite les conditions d'existence.

Définition de la médecine

Définissons-là par son but. Les patients viennent classiquement nous voir parce qu'ils souffrent, ou alors s'interrogent à propos de l'existence d'un symptôme. Cette interrogation suscite souvent chez eux une peur, donc une souffrance morale plus ou moins importante suivant la personne et la situation.
La négation de la souffrance, autrement dit ce que doit leur apporter notre aide, c'est le bien-être, ou plus modestement le mieux-être.
Un symptôme peut être le signe d'une pathologie grave, qui est définie par une pathologie qui rend le patient invalide, ou qui l'empêche de vivre mieux. Le deuxième objectif de la médecine est donc d'essayer de faire en sorte que les patients vivent valides le plus longtemps possible.

Exemple de construction d'une entité nosographique : la dépression.

Refaisons l'Histoire du concept de dépression. Je ne pense pas que l'on ait beaucoup évolué au cours des siècles. Nous sommes toujours des humains, les mêmes que ceux qu'il y avait au cours des siècles passés.

La dépression en tant que réalité a probablement toujours existé. Mais sur cette réalité, on ne collait pas l'étiquette « dépression ». Le mot « dépression » a été inventée à un moment donnée. Et sa définition a évolué au cours du temps. Ce qui veut dire que l'étiquette « dépression » n'a pas été collée sur la même réalité au cours le l'évolution de ce concept au cours du temps.

Si vous en voulez une preuve, regardez l'évolution du concept de dépression selon les évolutions successives du DSM (c'est un ouvrage américain, qui est la référence dans la description des différents Troubles psychiques), de la première édition (DSM 1) jusqu'à la cinquième version, le DSM 5.

Un patient peut très bien être diagnostiqué « dépressif » au XIXème siècle, alors qu'il ne serait pas diagnostiqué « dépressif » de nos jours.

Les maladies psychiatriques : un cas à part ?

En fait, toutes les maladies psychiatriques ont un dénominateur commun : elles font souffrir le patient (ou éventuellement les autres). Le suicide fait bande à part : c'est la seule maladie psychiatrique qui tue.

Avec l'évolution des différents DSM, on a vu se voir modifier certaines entités nosographiques (évolution de la localisation des étiquettes sur la réalité sur laquelle elles sont collées : en fait, c'est surtout la frontière entre étiquettes différentes qui est susceptible d'évoluer au cours du temps. C'est à dire que l'on parle toujours à peu près de la même chose).

D'autres concepts ont vu leur apparition dans le DSM 5, que certains ont critiqués. Je ne suis pas aussi pessimiste qu'eux. Je suis d'avis qu'à partir du moment où l'on identifie une réalité qui est

associée à une souffrance psychique, il est licite d'inventer un mot
(peu importe qu'il vienne du latin, du grecque, ou d'une autre
langue). L'important est d'avoir un nouveau mot, que l'on colle sur
les patients qui souffrent de la réalité en question. Voilà comment
on peut intelligemment « inventer » une maladie.

A quoi cela sert-il d'inventer une nouvelle maladie ?

A partir du moment où l'on a étiqueté une partie de la réalité, et que
l'on a décidé que ce serait une nouvelle maladie, des recherches
vont être faites sur cette nouvelle entité, et, on peut l'espérer, des
traitements seront trouvés pour que les patients qui sont atteints de
cette maladie soient guéris.

Pourquoi la médecine est-elle un art ?

Je vais répondre à cette question en vous disant les erreurs que j'ai
faites au cours de ma formation, et ce que je ferais si ma formation
était à refaire.
Ce que j'ai eu beaucoup de mal à comprendre et à prendre
conscience, c'est que la médecine n'est pas un cortège de connaissances.
C'est un peu dur à croire quand on voit l'épaisseur des livres pour
préparer l'internat : 600 pages en cardiologie, 400 pages en neuro-
logie, etc.
La médecine est avant tout une façon de faire, bref une pratique.
Cette pratique se construit à l'hôpital, progressivement, en agissant
comme un médecin. C'est difficile au départ, même très difficile :
comment en effet se comporter en tant que médecin, si l'on ne s'est
jamais comporté comme un médecin ?
Au départ, il faut accepter d'être noyer, non pas dans les connaissances, mais dans une pratique.

Où je me suis reformé à la médecine (après ma formation initiale)

Paradoxalement, c'est lors de deux stages au centre antipoison, durant mon internat, que j'ai le plus avancé. Pourquoi ?
Il y a une partie du stage qui consistait à rappeler les patients qui ont fait appel à nous pour une intoxication, le lendemain, afin de prendre de leur nouvelles. Je lisais les dossiers des patients, leur prise en charge de A à Z. Ce que j'ai (heureusement) fait, est de me mettre à la place des médecins séniors qui ont accueilli le patient à l'hôpital, ou en médecine du ville, et j'ai vu comment ils se sont comportés, et pourquoi. Je réfléchissais à d'autres façons de faire, je me disais que personnellement j'aurais donné un autre traitement, ou fait un autre examen. Il y a la remise en question, nécessaire : mon traitement est-il le bon ? Ma stratégie est-elle la bonne ? La façon dont je me comporte est-elle la bonne ?
J'ai donc appris progressivement à penser comme un sénior.
A la fin de mon stage au centre antipoison, j'avais un bien meilleur niveau que celui que j'avais lorsque j'ai passé le concours d'internat.
Je me suis donc rendu compte que la réflexion que l'on porte sur une problématique, est, en tout cas pour moi, bien plus efficace que la formation de « culture générale » que l'on peut avoir dans les livres.
Pour prendre l'exemple de la philosophie, le but est de philosopher, et non d'apprendre des « connaissances » en philosophie. Certes, s'aider des philosophes qui nous ont précédés est une aide précieuse, voire indispensable, mais ce n'est qu'un moyen, et non le but.

Mais ma formation ne s'est pas arrêtée là. Après mon internat de médecine du travail, j'ai travaillé pendant trois ans comme sénior (de médecine du travail) dans une entreprise à l'ile de la Réunion. Il est vrai que voir les salariés défilés ne semble pas le plus idéal pour apprendre la médecine a priori. Mais bien au contraire !

Progressivement, des associations inconscientes sont créées entre les situations vécues, les images vues, les examens réalisés, bref, la construction de la pratique de la médecine, donc de la médecine, permet en fonction d'une nouvelle situation vécue, de « tomber » spontanément vers des hypothèses diagnostiques, vers une réponse adaptée, vers un comportement adapté.

Pour ma pratique médicale, je pourrais tenter la petite définition suivante : la médecine, c'est une pratique qui ne s'apprend pas, mais qui se vit et s'éprouve.

L'idéal pour apprendre la médecine

Si j'avais à refaire mon externat, voilà ce que je ferais, si cela m'était permis : je passerais la journée à l'hôpital, les cours seraient dans les services, de façon très rapide : ce serait plus des synthèses des pathologies vues à travers les services, afin de regrouper tout le monde et échanger sur les pratiques et conceptions de chacun, autour d'un café.
Pour préparer l'internat, je ne lirai aucun livre pour préparer l'internat, de façon assez inattendue. Effectivement, les questions qui étaient posées à mon époque étaient beaucoup plus proches de la question : « Que feriez-vous dans un tel cas ? ». Plutôt que d'un contrôle de connaissances. Pour quelqu'un qui a appris dans les livres, répondre à une telle question ressemble à « réciter une recette de cuisine ». Mais pour réciter une recette de cuisine, il y a très schématiquement deux possibilités : être cuisinier, ou avoir appris (ou plus exactement avoir essayé d'apprendre) la recette de cuisine, sur une feuille de papier, sans la vivre pleinement.
Bien sûr, réciter une recette de cuisine est un travail imbécile pour quelqu'un qui n'est pas cuisinier. Mais tellement intéressant pour

quelqu'un qui est cuisinier, qui a compris l'enjeu des méthodes mises en place dans la recette, et qui domine le métier de cuisinier. Ce genre d'exercice est donc pertinent, à condition qu'il soit réalisé par un spécialiste de la discipline en question.

Le plus important (et de loin !), est construit par la pratique, à l'hôpital d'abord. Ensuite, la construction de cette pratique continue après la formation initiale, par la pratique quotidienne que l'on a avec chaque patient. Pour ma part, la remise en question de certaines de mes pratiques continue. Je suis donc amené à changer d'attitude en fonction des nouveaux cas qui se présentent à moi, en fonction des nouvelles réflexions que je pourrais menées.

Le problème de l'élève de terminal

Dans le dernier paragraphe, je décris ce que j'aurais dû faire selon moi. Mais est-ce que j'en aurais été capable ? Qu'est-ce qui aurait été un frein à cette façon de faire ? Un bon collégien a pris pour habitude d'apprendre ses leçons, et de les réciter de façon plus ou moins intelligente dans une restitution de connaissances.
Arrivé dans le supérieur, je n'ai pas pu faire autrement que réitérer le même schéma : en cardiologie par exemple, lire son livre de cardiologie, et arriver le jour de l'examen en utilisant ses connaissances apprises dans ce livre pour répondre aux questions posées. Quelle erreur ! Mais comment l'éviter ?

Raison de ce type de formation

Cette formation est redoutablement efficace, et elle se doit d'être efficace. Au départ, sur une promotion de 50 médecins juniors, et bien 50 doivent (en théorie) devenir à terme des médecins séniors. Je me risquerais à une comparaison avec la physique : les 50 futurs physiciens se regrouperaient dans des unités de recherche (une unité sur la mécanique, une sur l'optique géométrique, etc.), seraient mis en contact de (vrais) physiciens, et essayeraient de comprendre ce qui se passe. Ils mèneraient leur propre réflexion, émettraient et testeraient leur propres hypothèses, sous les conseils des (vrai) physiciens qui seraient avec eux. Ce n'est pas « pédagogique », mais très efficace, et adapté à l'objectif que l'on veut atteindre. Sur 50 étudiants de départ, tous doivent devenir physiciens.

Problèmes posés par ce type de formation

A mon époque, les étudiants de première année de médecine passaient un concours difficile. A mon avis, il était sélectionné les plus résistants, les plus endurants, les plus solides physiquement et psychologiquement. Et à partir du moment où on a franchi cette étape, il faut respirer bien fort, s'armer de courage, d'une dose d'humour vu l'absurde qu'une telle formation provoque, et plonger dans le grand bain. C'est absolument déconcertant au départ. Il faut accepter ce type de formation, et surtout se dire (ce que je n'ai absolument pas fait) que l'objectif n'est pas d'avoir des connaissances en médecine (ou en science médicale, appelez ça comme vous voudrez), mais bien de devenir un médecin. Ce qui implique d'agir, de penser, de se comporter comme un médecin sénior. Le type de formation que l'on accepte de recevoir, et que l'on se donne à soimême dépend de l'objectif que l'on a. On peut avoir, comme moi, l'objectif de devenir médecin, mais sans savoir à l'avance ce qu'est un médecin, ce qu'il fait, ce à quoi il pense.
C'est une formation, qui, pour moi, a été quelque peu ingrate : effectivement, au départ, je me suis formé (dans les livres) dans l'objectif d'aligner des connaissances médicales. C'est ce qu'on a toujours fait, depuis le primaire, jusqu'au lycée. Mais ce n'est pas la bonne méthode selon moi. J'aurais pu devenir médecin tellement plus rapidement, et surtout plus facilement. Il est effectivement assez difficile de remplir les objectifs demandés quand le type de formation que l'on se donne n'est pas adaptée.

Ce qui devrait être changé à mon sens

Après la sélection de la première année (voir en deux ans comme
une prépa, peu importe), les étudiants devraient être accueillis à
l'hôpital de façon un peu plus cordiale et sympathique. Prenant par
exemple un café le matin avec toute l'équipe, dans la bonne humeur, ils devraient pouvoir et même être encouragés à être médecins, dès le départ. Ce qui implique qu'ils ne devraient pas seulement avoir les basses besognes à faire. Mais ils devraient être auto-
risés, dans la limite du raisonnable et de l'absence de danger pour
les patients, à exercer un art que, certes, ils ne connaissent pas encore. Donner des médicaments est extrêmement dangereux. Mais
s'armer de patience, d'un marteau-réflexe et d'un stéthoscope, et de
bonne humeur, est à la portée de tous les étudiants, et est parfaitement inoffensif pour les patients.
Le stage qui m'a le plus servi quand j'étais externe était un stage,
où mon groupe et moi étions obligatoirement présents lors des
« staffs » (ce sont des réunions) le matin. C'était absolument déconcertant au départ : le langage des médecins, et tout simplement ce
qu'ils faisaient, comment ils se comportaient étaient parfaitement
incompréhensibles au départ. C'était « Mission sur Mars » tous les
matins. Que c'était déconcertant, de ne rien comprendre pendant
une demi heure. Mais avec du recul, je constate que cette véritable
immersion au coeur des discussions entre médecins, a été très efficace.

Analogie avec le français

Certains disent que la médecine, c'est beaucoup de par-coeur. Erreur ! C'est tout, sauf ça. Quand on accepte de plonger, on aborde
un nouveau monde, un nouvel univers. Vous avez tous appris à parler français. Vous n'iriez pas jusqu'à dire que vous avez fait du par-

coeur quand vous étiez tout petit. Vous étiez seulement plongé dans un monde tout nouveau (le monde des adultes). Vous n'avez pas appris les mots par coeur : vous les avez entendus, et surtout utilisés.

Je pense que la pédagogie est parfois contre-productive, voir désastreuse. Il faut savoir parfois faire confiance à son cerveau. Un cerveau est quelque chose de miraculeux !

Effectivement, tout n'est pas conscient. A l'école primaire jusqu'au lycée, on apprend à disséquer et comprendre les phénomènes, sous forme simplifiée, pour ensuite utiliser (avec sa conscience et sa raison) ces simplifications pour résoudre des problèmes simples associés au phénomène en question. Par exemple, au lieu de commencer à lire Victor Hugo, nos pédagogues préfèrent qu'on apprenne les règles d'accords, et de grammaire. C'est un choix et je le respecte, mais ce n'est pas le plus efficace, en tout cas pour moi.

Le cerveau n'a pas besoin, toujours, de comprendre un schéma simple d'un phénomène, et de le restituer bien sagement lors du contrôle des connaissances.

On peut avancer beaucoup plus vite. Faites confiance à votre cerveau, il fera tout seul le travail, sans que vous en ayez conscience.

L'absurde en médecine

Expliquons tout d'abord ce qu'est l'absurde en logique classique.
Est absurde une phrase, qui est à la fois vraie, et fausse.
Une hypothèse est soit vraie, soit fausse. Elle ne peut en aucun cas être vraie et fausse en même temps. C'est ce que l'on appelle le principe du tiers exclu.
Certaines situations de notre vie peuvent être rapportées à des situations absurdes. Ce genre de situations sont très fréquentes à l'hôpital.
Par exemple, un enfant de 10 ans meurt d'un cancer. L'absurde existe, car il y a une différence entre ce qui devrait être, autrement dit ce qui est attendu (la guérison), et ce qui est (la mort).

Dans l'absolu, et de façon tout à fait logique, tout le monde mourra un jour : moi, vous, etc.

Mais en raison de nos émotions, nous attendons souvent qu'une situation heureuse se produise. Ce genre d'attitude concernant le futur est humain. On espère très souvent qu'une situation va bien se terminer. Le contraire est rare.

Face à la mort de cet enfant, certains auront des réactions de ce type : « ce n'est pas juste », « c'est pas normal », « ça n'aurait pas du se passer comme ça ».

Le problème, c'est que les soignants sont confrontés à la réalité, qui ne suit parfois aucune logique émotionnelle. Alors que les soignants, qui sont humains donc remplis d'émotions, voudraient tout naturellement que la situation se déroule autrement.

Il m'a semblé que ce sentiment d'absurde, vécu par beaucoup, provoquent de nombreuses réactions émotionnelles (colère contre la réalité, tristesse, échec de la tentative de sauver cet enfant), et donc des réactions comportementales qui leur sont associées.

Il faut apprendre à accepter sa propre mort, et aussi celles des autres. Commencer la philosophie est donc utile, ne serait-ce que pour accepter sa propre mort, et celles des autres.

Le secret médical

En médecine, il existe un article (une loi), que l'on appelle le « secret médical ». C'est bien plus qu'un simple principe, ou qu'une simple loi.

Discutons tout d'abord un peu du Droit, et plus particulièrement des lois.
L'objectif que j'attribue au Droit et aux Lois n'est pas issu d'une observation, ou d'une réflexion personnelle. Mon propos se base sur une discussion que j'ai pu avoir avec un juriste. J'ai adopté sa conception, car elle m'a semblé d'une pertinence rare.

Considérons l'ensemble des lois. Paradoxalement, le but n'est pas de les respecter par pur principe. Je vais vous expliquer mon propos.

D'après ce juriste, extrêmement intelligent, avec qui j'ai eu la chance de discuter un moment, le Droit a un sens, un sens qui est souvent oublié par les gens qui n'ont jamais fait d'études de Droit, mais qui se contentent d'appliquer les articles de loi.

L'objectif ultime du Droit, et de l'existence des lois, est de prendre les meilleures décisions possibles, face à une situation. Il s'agit de prendre les meilleures décisions possibles en vu d'être le plus juste, et donc le plus vertueux possible.

Pour ce qui est des vertus, je citerais par exemple : l'amour, ou bien l'aide que l'on peut apporter aux autres, l'oreille attentive que l'on peut porter quand quelqu'un nous parle de ses problèmes, le coup de main que l'on peut apporter à quelqu'un qui souffre et qui a des ennuis.

L'objectif, comme toujours, est de faire en sorte que les gens soient le plus heureux possible, en leur apportant de l'aide, de la bienveillance, une écoute attentive.
Pourquoi résoudre des problèmes ? Car ces problèmes font souffrir ceux qui les ont. C'est donc pour leur mieux-être que l'on intervient, les médecins, comme les juristes.

D'ailleurs, parfois, nous pouvons rendre les gens heureux sans lois. Imaginez qu'une fille à qui vous plaisez, et qui vous plait aussi, vous demande si vous aimeriez sortir avec elle. Y a-t-il besoin d'une loi pour prendre la décision de dire « Oui » ? Il n'existe pas de « Code des relations amoureuses » comme il existe le « Code Pénale » ou le « Code du Travail ». La raison en est simple. Il n'y en a pas besoin. D'ailleurs, quelle horreur s'il fallait respecter un tel code pour les sentiments. Les comportements amoureux sont dictés par les émotions que l'on éprouve, et non pas par des articles de loi, ce qui est heureux. Si quelqu'un osait écrire un jour un « Code des relations amoureuses », et bien je n'en lirais pas une seule page, sauf peut-être en vue de le critiquer.

Quand on est philosophe et suffisamment intelligent, on n'a pas besoin de lois la plupart du temps. Les vertus suffisent. Si par exemple j'avais un voisin qui avait empiété sur ma propriété de 5 cm pour construire un mur, et bien nous discuterions, et quant bien même le mur serait construit, quelle importance ? Pour moi, aucune. Ce genre de problématiques est ce que j'appelle des « futilités ».

Par contre, si mon voisin est en pleur en rentrant chez lui, et vient me voir, ne serait-ce que pour que je l'écoute, je l'écouterais, et j'essayerais de l'aider à y voir plus clair autant qu'il est raisonnable de le faire. Y a-t-il besoin de lois pour avoir ce genre de démarches ? Non, si l'on est un temps soit peu humain et vertueux.

Si tout le monde était vertueux, et tentait de résoudre humainement les problèmes que nous rencontrons, à quoi cela pourrait bien servir d'écrire des lois ?

Il ne faut donc pas respecter les lois par principe. Si un tel principe existait, je vous poserais naturellement la question : au nom de quel principe faudrait-il respecter les autres principes ? Au nom du principe selon lequel il faudrait respecter le principe selon lequel il faudrait respecter les autres principes ? On peut aller loin avec ce type de justification, ce qui n'a d'ailleurs aucun intérêt.

Les lois ne doivent donc pas être respectées par principe, mais dans l'objectif le plus louable possible : arranger les choses, régler une situation qui rend des gens malheureux, afin qu'ils soient plus heureux.

Plus que les lois, c'est leur sens qu'il faut respecter. C'est à dire, ce pour quoi elles existent.

Pourtant, les lois sont une aide précieuse, même pour moi. En effet, une loi précise a été votée. En France, pour l'instant, ce vote est fait par les députés et les sénateurs.
Nos parlementaires partent d'un problème rencontré. Des groupes de réflexion sont constitués, des études scientifiques peuvent être faites, et finalement, un projet de loi est proposé.
Nos parlementaires, qui sont nombreux, réfléchissent ensemble au bienfondé d'une loi. D'après les quelques connaissances qui me restent d'Histoire, il me semble qu'une loi peut faire des allers-retours entre le Parlement et le Sénat.
Au final, nous avons une loi qui a été étudiée, pensée, repensée par tous, et finalement adoptée.

Donc une loi est le résultat d'une réflexion d'un groupe de personnes intelligentes, et est censée s'appliquer dans une circonstance particulière.

Pour moi par exemple, devant une situation que je ne maîtrise pas,
les lois pourraient m'aider. En effet, quand je lis une telle loi, adaptée à une situation précise, je considère que j'ai devant moi une véritable réflexion qui a été menée par des spécialistes de la question,
et qui a été votée par un ensemble de personnes intelligentes, qui
ont étudié la situation qui pose problème, et dont le résultat peut
être tout à fait adapté à la situation, et cela bien plus que si j'avais
mené ma propre réflexion.

Donc, quand je suis confronté à une situation problématique, je
commence par réfléchir de la façon que j'estime la plus pertinente
(que je peux faire), dans le respect des vertus : c'est à dire l'humanité, l'amour (je ne parle pas forcément du sentiment amoureux
qu'on peut avoir pour une fille, mais le sentiment d'attachement et
de bienveillance que l'on peut avoir pour n'importe qui), le respect
de l'autre. Lors de la résolution d'un problème, il y a bien souvent
un nombre important de solutions, c'est à dire de façons de se comporter. Il faut choisir celle qui fait le plus de bien autour de soi.
C'est à dire la solution la plus bienveillante, et vertueuse.

Même si je m'écarte du sujet, je voudrais parler de la religion chré-
tienne, car c'est la seule dont j'ai quelques connaissances. Les principes qui sont appris à ceux qui vont au catéchiste sont d'abord appris comme des principes qu'il faut accepter, et essayer d'appliquer.
Mais au-delà de l'aspect religieux, de tels principes, comme « Aide
ton prochain », « Ne fais pas aux autres ce que tu ne voudrais pas
qu'on te fasse à toi-même », etc. Sont censés induire des comportements, qui, s'ils sont intégrés par les individus, et s'ils devenaient
tout naturels, des sortes d'évidences, totalement intégrées à notre
personnalité, deviendraient des vertus, ou en tout cas seraient sans
doute responsables de l'émergence de vertus.

Faisant une parenthèse à la religion, je crois que les Dieux existent,
avec une assez forte probabilité (80 %). Pourtant, je n'appartiens à

aucune religion. Ce qui prouve une chose : on peut croire en Dieu sans appartenir à aucune religion.

Mais je suis sûr d'une chose. Si l'on ne fait pas de philosophie, les religions, et ce qu'elles apportent à ceux qui les apprennent et les pratiquent, sont sensées induire chez celui qui la pratique une certaine morale, une certaine éthique, et du coup, permettraient sans doute l'émergence de certains comportements, qui, s'ils deviennent naturels, pourraient être considérés comme des vertus.

La philosophie permet de devenir plus vertueux.
La religion est sensée rendre ceux qui la pratiquent plus vertueux et plus tolérants.
Les lois sont là afin que l'on adopte le comportement qui s'approche le plus du comportement du philosophe vertueux, qui, étant confronté à cette situation, aurait décidé d'agir ainsi.

Les lois permettent donc d'avoir le comportement qui est sensé être le plus vertueux possible, et cela même si celui qui les appliqueraient n'auraient peut-être rien de vertueux.

Exemple du secret médicale concernant un patient.

C'est une loi. Certes, ne pas la respecter expose à être poursuivi en pénale. Mais cette sanction ultime n'est là que pour faire en sorte que nous respections ce principe.

Par exemple, je suis de ceux, et vous en faites peut-être partie, qui roulez beaucoup moins vite quand vous traversez un village. La raison en est simple : si on roule trop vite, on risque de blesser une personne âgée qui n'aurait pas vu qu'elle n'était pas censée traverser hors d'un passage clouté. Ce qui est compréhensible, puisqu'une personne âgée peut ne plus avoir toute sa tête, elle peut aussi ne plus voir très claire. Plus je roule lentement, plus j'ai de temps pour réagir en cas de situation comme celle-ci, et moins un éventuel choc serait violent, et moins il aurait de conséquences. C'est la seule raison, qui est logiquement et humainement justifiée.

Mais certains ne peuvent pas avoir une telle conscience d'une telle situation. Donc des panneaux existent. Et surtout, des sanctions existent. Les sanctions ne sont pas là par sadisme de la part de nos autorités. Loin s'en faut. Mais elles sont là, car la connaissance de telles sanctions impose à une grande majorité d'avoir un comportement modéré vis-à-vis d'une situation.

Si le non respect du secret médical se solde par une sanction grave, cela suggère que c'est sans doute un principe important. C'est effectivement le cas. C'est un principe fondamental.

Mais plutôt que de le respecter par obligation, essayons de voir à quoi il sert, et ce vers quoi il permet de tendre.

Examinons deux situations, qui sont, par respect du secret médical, totalement inventées.

Situation 1 :

Madame X, 40 ans, est (par exemple) secrétaire dans un collège.
Elle est divorcée, et élève seule ses deux enfants de 10 ans et de 15 ans.
Un jour, elle fait un bilan sanguin très particulier chez son médecin.
Elle découvre qu'elle est porteuse du VIH.
Elle est donc prise en charge par plusieurs médecins, qui la soignent et tentent de gérer la situation, tant physiquement, que psychologiquement, que socialement.
Tous les médecins qui la suivent savent qu'elle est porteuse du VIH.

Mais imaginez un seul instant que ses enfants l'apprennent, d'un moyen ou d'un autre ?

La connaissance de ce diagnostic par ses enfants risquerait d'engendrer chez eux une profonde tristesse, une colère peut-être, voire un rejet de leur mère. La connaissance de cette situation pourrait induire un désinvestissement scolaire, et un échec scolaire.

Imaginez l'état psychologique de cette mère, si elle savait que ce diagnostic était connu de ses proches, et de ses enfants. Elle se sentirait peut-être malade, voire terriblement mal à l'idée que ses enfants soient au courant, et pleurent tous les jours en la voyant.

La connaissance d'un diagnostic peut aboutir à des catastrophes humaines, au pire au suicide de l'un des membres de la famille.

Pourtant, l'absence de la connaissance par les proches du diagnostic de cette femme, n'aurait quasiment aucune conséquence. Au pire, ses enfants auraient peut-être remarqué une légère modification de son comportement (au moment de l'annonce du diagnostic), un changement de comportement qu'elle aurait pu justifier par n'importe quel argument : par exemple, un décès de la mère de l'une de ses collègues, même si ce n'est pas vrai. Un tel argument n'est pas facilement vérifiable, et une telle vérification n'aurait aucun intérêt pour quiconque.

La frontière entre le monde médical (ceux que les médecins savent) et Madame X doit rester hermétique.
Madame X sera traitée, et vivra sans problème même en présence de ce virus.

C'est la raison pour laquelle le secret médical existe, et qu'il est indispensable. Il ne faut pas le respecter par pur principe, mais il faut avoir conscience de sa raison d'être.

Situation 2 :

Prenons le même virus, afin que mes lecteurs puissent comparer les deux situations.

Madame Y, 24 ans, est interne en cardiologie au CHU, dans le service de cardiologie. Ce qui tombe plutôt bien, puisqu'elle est entourée de 3 autres co-internes, qu'elle trouve plutôt mignons.

Madame Y, qui a eu des rapports sexuels non protégés (c'est à dire sans préservatif) récemment, décide de faire un bilan sanguin dans le service de maladies infectieuses (ce qui semble plutôt normal). Peu de temps après, un médecin lui annonce qu'elle est porteuse du virus VIH.
Ce médecin, qui a parfaitement connaissance du « secret médical », n'en parle qu'à ses confrères qui seraient susceptibles d'aider Madame Y. D'une façon parfaitement légale, et même avec la meilleure intention du monde, il se trouve que cette « nouvelle » atterrit dans le service de cardiologie, où travaille Madame Y.
Madame Y observe tout d'un coup un changement du comportement de ses co-internes. L'un d'entre eux avait accepté de sortir avec elle la semaine dernière, mais il refuse maintenant de le faire. Il conserve quand même une attitude courtoise, quoique parfaitement inauthentique.
Madame Y finit par découvrir que tous ses proches (c'est à dire les membres du service de cardiologie) sont au courant. Cette prise de conscience de sa part engendre chez elle des émotions de mal-être important. Elle finit par déprimer, et par se suicider.

Dans la situation 2, le secret médical, en tant que loi du Code Pénale (ou du Code que vous voulez, peu importe), a été scrupuleusement respecté. Donc, devant la loi, personne n'a commis de faute légale. Et donc, personne n'ira en prison.

La comparaison de ces deux exemples prouvent que respecter une loi ne suffit pas. C'est pourquoi c'est le sens de la loi, sa raison d'être, autrement dit l'objectif recherché, qu'il faut chercher à atteindre.

Pourtant, le cadre légal est le même quel que soit le milieu où travaille le patient. La raison d'être de cette loi est respectée dans la situation 1, mais n'est pas du tout respectée dans la situation 2.

C'est pourquoi, en tant que philosophe, je ne respecte pas la loi par principe. Mais je la respecte, et surtout je l'adapte à la situation, en fonction des conséquences humaines de la prise d'une décision en utilisant cette loi.

J'ai conscience de cette problématique. Donc, quand je sais qu'un soignant a quelque chose, ou que je suspecte une pathologie chez un soignant, l'information que j'ai ne sort pas de mon cerveau. Même si l'un de mes confrères voulait avoir une telle information, je ne donnerai strictement aucun indice lui permettant de connaître la réalité. Quitte à mentir. Dans un tel cas, on voit sur cet exemple qu'il existe des cas où il est préférable de mentir plutôt que de dire la vérité. La vérité n'est donc pas toujours bonne à dire, et il a suffi d'un simple exemple pour le démontrer. Autant j'estime que je peux être capable d'agir de façon intelligente et vertueuse. Les autres, pas forcément, et cela quel que soit leur métier.

En conclusion, je souhaiterais attirer votre attention sur le fait qu'il faut faire en sorte que la raison d'être de la loi soit respectée, c'est à dire la raison précise pour laquelle cette loi a été inventée.

Vous savez pourquoi je ne regarde presque jamais si je suis dans la légalité quand je fais quelque chose. Puisque tout ce que je fais, je le fais dans une intention louable, pour faire le bien, et non pour faire le mal autour de moi.
Une loi a vocation de se placer dans un cadre très général, et ne résout en aucun cas les situations particulières. Donc un raisonnement doué d'humanité est parfois plus pertinent, dans ses conséquences

pratiques, que le respect d'un article isolé, qui ne serait pas adapté à la situation à laquelle nous sommes confrontés.

Je vous invite donc à ne pas lire le moindre Code, ce qui, pour vous, chers lecteurs, ne présenterait strictement aucun intérêt.
Faites plutôt de la philosophie. Essayez de vous remettre en question, de vous améliorer, de devenir plus humains, plus vertueux, et de faire le bien autour de vous.

A votre avis, qu'est-il préférable ? Suivre scrupuleusement un article de loi, même si son respect a des conséquences redoutables ?
Ou ne pas suivre cet article de loi, si son non-respect provoque l'absence de conséquence péjorative pour tout le monde, voire même des conséquences positives pour tout le monde ?

Selon moi, il y a trois façons de juger une action que l'on commet : par les intentions que l'on a eu en la faisant, par sa nature, et par les conséquences qu'a eu cette action.

Respecter un article d'un code relève de la nature même du principe selon lequel il faut respecter la loi.
Mais croyez-vous vraiment qu'un juge sera insensible à votre intention, au contexte, et aux conséquences de la décision que vous avez prise ?

J'ai récemment discuté avec une juriste. Il y a une question que je rêvais de lui poser, chose que j'ai faite à cette occasion. Je lui ai demandé si les décisions prises par la Justice étaient quasi-algorithmiques. Par exemple, si cet article précis n'est pas respecté, alors il y aura une série de sanctions, définies à l'avance, et toujours les mêmes en fonction du non respect de cet article.

Elle m'a répondu que, fort heureusement, ce n'est pas du tout comme cela que fonctionne la Justice, vous en vous doutez bien.
Les juristes sont souvent des personnes intelligentes, très souvent

humaines. Et dans leur décision, il n'y a pas que le respect d'un article en question. Ils prennent en compte énormément de paramètres : par exemple, pourquoi vous avez agi ainsi, quelle est votre personnalité, votre degré de moralité, quitte à demander une expertise psychiatrique, mais aussi la connaissance que vous aviez des conséquences que votre acte allait probablement provoquer, etc.

Par exemple, dans l'absolu, un meurtre est un meurtre, soit. Mais il y a une grosse différence entre une femme qui tuerait un homme (qui aurait lui-même une femme, trois enfants, un chien, des frères et des soeurs), pour lui voler sa place dans son entreprise ; et, de l'autre côté, une femme qui tuerait l'homme qu'elle aime, car leur liaison serait devenue passionnelle, et donc, leur raison à tous les deux seraient (et c'est d'ailleurs heureux pour eux, de vivre une telle histoire) totalement altérées par les émotions très puissantes qu'ils éprouveraient l'un et l'autre. Un tel comportement de sa part serait même « compréhensible » d'une certaine façon.

Un crime odieux n'est pas perçu et jugé de la même façon qu'un crime passionnel, ce qui est heureux.

Bref, on ne s'improvise pas juriste. Ces personnes hautement spécialisées font un métier très spécialisé, que nous ne pouvons pas faire à leur place.

Les juristes sont des professionnels, et non des amateurs. Chacun fait un métier qu'il domine. En tant que médecin du travail, imaginez un seul instant si on me demandait de changer une valve cardiaque chez un patient. Ce serait mortel pour le patient, et parfaitement irresponsable de tout part. Un métier spécialisé doit être fait par quelqu'un qui domine complètement son domaine.

Si vous croyez vous protéger en respectant tous les articles de loi, pour ne pas avoir de problème avec la Justice, je pense que vous êtes dans l'erreur.

Que se passerait-il si le strict respect des lois aboutirait à une catastrophe ?

Certes, vous seriez protéger par l'un des articles, mais cela suffirait-
il, à votre avis, à vous éviter une condamnation ? Je suis loin d'en
être certain, à vrai dire, mais je ne suis pas juriste, juste philosophe.

Je vois très bien que beaucoup passent leur temps à respecter les
lois pour ne pas avoir de problème avec la Justice. Leur attitude est
compréhensible. Mais prendre une décision rationnelle, partant
d'une intention louable, et ayant des conséquences positives pour
les autres, ne serait-il pas plus pertinent ?
Le comble, ce serait que celui qui respecte tous les articles de loi
pour ne pas risquer d'être condamné, provoque une catastrophe, au
point qu'il serait finalement condamné.
Je ne suis pas juriste (juste philosophe), mais je pense que si la dé-
monstration est faite que les intentions de la personne n'étaient pas
louables, et que les conséquences de ce qu'il a fait sont dramatiques, et cela dans le strict respect des lois, même le meilleur avocat du monde ne lui éviterait sans doute pas une condamnation.

N'oubliez pas qu'une décision de Justice est faite pas des humains,
qui ont donc une sensibilité, des émotions, en plus d'être des professionnels de la question. Et c'est heureux que ce soit comme ça.
Pour ma part, je n'aimerais pas être jugé par un programme infor-
matique, qui respecterait des articles de lois de façon algorithmique,
de façon purement logique, et sans aucune charge émotionnelle et
affective.

Tout ce que je peux vous dire, c'est que j'essaie de prendre les décisions qui ont les conséquences les meilleures pour tout le monde,
afin de faire le bien, faire en sorte que les gens autour de moi soient
les moins malheureux possible. Je pense que l'intention et les
conséquences provoquées sont autant, sinon plus importantes que la
nature même de l'action, qui serait dans ce cas une décision prise en
respectant des règles prédéfinies. Concernant la nature de cette action, je la considère comme étant neutre, c'est à dire ni bonne, ni
mauvaise.

Donc, je fais plus que respecter le Droit. J'en respecte son sens, qui est justement la raison pour laquelle existe le Droit.

Terminons par dire un mot à propos d'une utilisation perverse du Droit et des Lois. A l'époque des Cow-boys, les problèmes entre deux personnes se réglaient avec un pistolet.
A notre époque civilisée, les problèmes se règlent devant les Tribunaux. Ce qui est heureux la plupart du temps. Mais pas toujours. Certains utilisent les lois, non pour être le plus vertueux possible, mais pour gagner le combat qu'ils mènent. En outre, pour un même crime, donc pour une même réalité, avoir un très bon avocat peut vous éviter la prison. Avoir un très mauvais avocat peut par contre faire empirer votre peine. Pour ma part, mais ce n'est que mon avis, je préfèrerais être tué comme à l'époque des Cow-boys, plutôt que d'aller en prison. La raison en est simple. En prison, on est privé de toute liberté. Si j'étais en prison pendant 10 ans par exemple, je ne verrais pas de filles pendant 10 ans. Ce serait tout simplement synonyme d'enfer. D'une certaine façon, un tel juge se prendrait donc parfois pour Dieu, car il déciderait parfois d'envoyer un homme en enfer. Et si la mort était plus heureuse qu'une telle vie ? Pour ma part, il n'y aurait pas matière à discuter. Je choisirais la mort. Après tout, le but de la Justice est théoriquement de faire le bien, de rendre les gens heureux. Or, si je choisissais la mort, c'est bien pour éviter le désespoir. Comme vous le voyez, notre objectif est toujours le même : être heureux.

La responsabilité

Je souhaiterais vous donner mon opinion sur le concept de responsabilité. Je prends pour exemple la situation du COVID-19 que nous vivons en ce moment.

Nous avons la chance de vivre en France, un état de droit. Ce qui présente d'énormes avantages, contrairement à d'autres Pays, dont les habitants n'ont pas cette chance.
Bien sûr, le fonctionnement de notre pays se fonde sur un ensemble de règles, et d'instances, ce qui est une nécessité.

En raison de l'épidémie due au COVID-19, il y a eu, et il continue d'y avoir un certain nombre de malades, et un certain nombre de décès, en tout cas au moment où j'écris ce paragraphe.

Quelles manifestations psychologiques un décès dans une famille engendrent-t-elles ?

Bien sûr, ce genre de réactions dépend fortement de la personne considérée.
Bien souvent, on peut voir des émotions, comme de la haine, de la colère, de la tristesse, et, une question peut venir à l'esprit des personnes qui ont perdu leur proche : pourquoi lui ? A cause de qui est-il mort ? A cause de quoi est-il mort ?
Ces réactions sont tout à fait légitimes, et parfaitement humaines. Il est même tout à fait « normal » d'avoir ce genre de réactions. Le contraire pourrait poser questionnement sur la personne qui n'aurait pas ce type de réaction émotionnelle.
Devant ce flot émotionnel (colère, haine, tristesse), vouloir savoir qui est responsable est tout à fait « normal ».

Chercher un responsable et vouloir qu'il soit condamné est considéré comme « normal » dans notre culture.

Une telle procédure commence toujours par une plainte à un commissariat.

Dans notre cas, si une telle plainte était déposée, ce serait probablement une « plainte contre X ».

Après, c'est la Justice qui ferait son travail, afin d'essayer de déterminer ce qui s'est réellement passé, et enfin, porter éventuellement un jugement contre un ou un ensemble de responsables.

D'un point de vu purement théorique, comment définir le concept de « responsabilité » ?

Bien sûr, il s'agit d'une construction philosophique, c'est à dire ma propre construction, donc ma propre opinion. Toute autre construction de ce concept est acceptable.

Faisons une expérience de pensée très simple pour tenter de définir ce concept.

Un voleur est pris en flagrant délit par un policier qui était dans les parages. Dans notre expérience de pensée, ce voleur était en train de consommer du cannabis, ce qui arrive parfois. Le policier lui demande de s'arrêter, et de se rendre. Le voleur prend la fuite. Le policier décide de lui courir après. Arrivé devant une barrière, le voleur essaye de l'escalader, mais étant déséquilibré, il tombe mal, et meurt sur le coup.

Certes, il s'agit-là d'un véritable drame, puisque ce voleur avait peut-être une petite amie, des enfants, en tout cas une famille.

Même si cette personne avait commis quelque chose d'illégale, il était avant tout un humain, comme nous tous.

50

Bien sûr, sa mère sera sans doute très triste, probablement effondrée par la mort de son fils, et sera probablement terriblement en colère. Sa réaction émotionnelle est « normale », et est même la règle.
Dans un tel cas, notre raison et notre lucidité seraient sans doute perturbées par le flot des émotions qui pourraient nous submerger. C'est pourquoi, par exemple, quand on est très en colère, on peut avoir des comportements que nous n'aurions pas eu si nous n'avions pas été en colère.
Ce genre de phénomène est parfaitement humain, donc parfaitement « compréhensible », même si les conséquences d'un tel comportement ne doivent pas forcément rester impunies, surtout si ces conséquences sont importantes.

Cette mère sera sans doute amenée à répondre à la question : pourquoi lui ? Pourquoi ce drame est-il arrivé ? Et devant les émotions puissantes qui la submergent, elle pourrait être amenée à vouloir trouver « le responsable », et donc pourrait porter plainte devant la Justice.

C'est à la Justice de faire ce travail, qu'elle fait d'ailleurs remarquablement bien. C'est leur métier. Dans notre société, devant une telle situation, chaque parti (celui de la victime et celui de l'accusé) aura un avocat pour faire entendre et défendre la version de chacun. Une enquête approfondie sera faite, afin de mettre en lumière tout ce qui s'est effectivement passé. Le policier sera entendu, un bilan psychiatrique sera sans doute demandé, ce qui parfaitement normal, afin d'avoir un regard encore plus précis sur la réalité, et afin de savoir si le policier avait la pleine possession de sa raison au moment des faits.
Cette démarche est la plus juste possible. On ne peut pas faire mieux.
Devant l'ensemble des arguments qu'auront les juristes, et devant l'ensemble des données dont ils disposent (témoignages, version du policier, propos des témoins, éventuellement des images filmées par

d'éventuelles caméras ou smartphones), ils prendront la décision qui leur sembleront la plus juste.

Sur ce point, je leur fait totalement confiance. Ils ont fait des études de Droit, et ce sont les spécialistes de leur domaine. On ne peut pas faire mieux qu'eux. En tout cas, j'en suis largement incapable.

Mais en tant que philosophe, je peux tout à fait donner mon regard critique sur ce concept de « responsabilité ».

Bien sûr la construction que j'ai faite se veut très simple pour pouvoir comprendre le problème qui se pose, et est loin de la complexité d'une situation réelle. Or, les juristes, pour prendre une décision, n'ont pas devant eux un schéma simplifié, donc simpliste, mais ont devant eux toute la complexité d'une situation réelle.

Continuons donc notre expérience de pensée.

Puisque c'est à cause du policier que le voleur est tombé, c'est donc le policier le responsable.

Certes, mais pourquoi le policier le poursuivait ? Parce que le voleur s'est enfui. C'est donc le voleur, le responsable !

Certes mais le voleur s'est enfui car il a été pris en possession de drogue. S'il n'avait pas eu de drogue sur lui, donc si son fournisseur ne l'avait pas fourni, il n'aurait jamais été en possession de drogue, et donc il ne serait probablement pas décédé. Donc c'est le fournisseur le responsable, et c'est lui qui devrait être condamné !

Certes, mais le fournisseur a choisi cette activité, peut-être parce qu'il n'avait pas le niveau scolaire pour poursuivre des études et avoir un métier qui lui aurait permis de gagner honnêtement sa vie. Pourquoi n'avait-il pas le niveau scolaire nécessaire ? Supposons qu'au cours de son enfance, ses parents ne se soient pas occupés de lui suffisamment et l'aient laissé dans la rue faire ce qu'il voulait. Si ses parents s'étaient comportés différemment vis-à-vis de l'éducation de leur enfant, peut-être que celui-ci aurait eu un métier légal.

Ce sont donc les parents du dealer qui sont les responsables, et ce sont eux qui doivent aller en prison.

Cette expérience de pensée prouve une seule chose : que je n'ai pas réussi à construire le concept de responsabilité, en tout cas de façon simple. La raison en est simple : toute cause est la conséquence d'une autre cause, elle-même conséquence d'une autre cause, etc. Tout ce que j'ai réussi à mettre en évidence, c'est l'existence d'une certaine « co-responsabilité » entre les différents acteurs qui sont intervenus dans la vie de cet homme.
Il est licite de construire, de façon parfaitement théorique, le concept de « degré de responsabilité », par exemple allant de 0 à 100.

Pour ma part, je ne définis pas ce concept, puisqu'aucun de mes raisonnement ne m'a permis d'en construire une définition « acceptable » et « utilisable ».

Donc, je m'en remets à la Justice. Je ne sais pas comment elle fonctionne précisément, ni à partir de quels arguments se fondent leur décision. Mais c'est eux qui sont (et de très loin !) les plus performants dans la gestion de ce genre de problématique.

Qui sont les « responsables » dans l'épidémie de COVID-19 ?

Je vous propose d'adopter une définition implicite du concept de responsabilité, puisque je ne suis pas parvenu à en donner une définition explicite. Contentons-nous de l'idée que l'on s'en fait, de façon « approximative ».
De nombreuses personnes accuseront tantôt « la région », « le département », « le gouvernement », « l'ARS », le Président de la République, etc.

Certes, les mesures à grande échelle sont prises par ces instances. Mais je vous rappelle que le COVID-19 est un virus, qui se propage de personnes en personnes. Le vecteur du virus est l'être humain. Quand je vais faire les courses, je vois parfois des groupes de personnes qui discutent à moins d'un mètre les uns des autres, certains ne se protègent pas à l'aide de masques, etc.

Sans vouloir offenser la population Française, ce n'est pas notre Président qui est le vecteur du virus.

Je comprends que la colère, la haine, qu'auront les membres des familles où il y a malheureusement eu des décès, les amèneront probablement à vouloir que quelqu'un soit jugé coupable, condamné, et aille en prison. C'est une façon comme une autre de calmer sa haine, et sa colère.

Mais dans la propagation d'une épidémie virale, où nous sommes tous des vecteurs potentiels, nous avons tous une part de responsabilité dans la diffusion du virus. Par exemple, ceux qui n'auront pas respecté les consignes données par notre gouvernement et les autorités sanitaires : c'est à dire le confinement, les déplacements inutiles, le lavage fréquent des mains, les distances de sécurité, etc. Ceux-là sont très nombreux, je dirais même la grande majorité.

Bien sûr, c'est la Justice qui prendra ce genre de décisions. Mais est-il pertinent de condamner le Directeur d'une instance quelconque, sous prétexte qu'il en est le Directeur ? Et de ne pas condamner Monsieur Tout le Monde, qui n'aurait pas forcément respecté les consignes de sécurité données ?
Mais ce Monsieur Tout le Monde, qui n'aurait pas respecté les consignes de sécurité, encore aurait-il fallu qu'il ait pleinement conscience de la nécessité de les respecter. Est-ce nécessairement le cas ? J'en doute fortement, dans la grande majorité des cas.

Condamner certains alors que tout le monde a une part de responsabilité dans cette affaire d'épidémie, ne serait pas tout à fait « juste »,
à mon sens.

Pourquoi cette affaire est différente de celle (par exemple) du sang contaminé ?

L'affaire du sang contaminé est un scandale sanitaire, ayant touché
plusieurs pays dans les années 1980 et 1990. La France a d'ailleurs
été touchée par cette affaire, comme beaucoup d'autres pays. Pour
le peu que j'en sais, il y aurait eu des personnes qui auraient été au
courant d'une possible contamination. Ce groupe de personnes est
supposé restreint.
Or, la population n'était pas forcément au courant de ce problème,
en tout cas au début. La responsabilité, à supposer que ce concept
puisse être correctement défini, était assez limitée.
Dans ce cas, la population n'avait a priori aucun rôle à jouer dans
cette histoire, puisqu'elle n'en avait pas connaissance, en tout cas
au début.
Mais dans notre cas, celui du COVID-19, tout le monde est potentiellement vecteur du virus, et sachant que toute la population a reçu
des consignes très strictes pour enrayer la progression de l'épidémie, le non respect de ces consignes n'est pas de la responsabilité
d'un groupe restreint de personnes, mais de toute la Population.
Faut-il que nous allions tous en prison ? Non, bien sûr. En outre, a-
t-on le droit de condamner quelqu'un qui n'aurait pas la moindre
conscience des conséquences de ses choix ? J'en doute.
La deuxième différence, et non des moindres, est la circonscription
géographique de la problématique. Dans le cas du COVID-19, l'ensemble des pays du monde semblent tous touchés.
Etant donné le nombre de morts en Italie, les Italiens, de façon tout
à fait légitime, vont vouloir trouver le « responsable ».
Il en est de même des Américains, des Chinois, des Allemands, etc.

55

Je crains fort, qu'en plus d'être tous potentiellement responsables, notre Justice ait de grosses difficultés à déterminer la « responsabilité » de chacun dans cette crise. La population française ? Les autorités françaises ? Les Pays étrangers ? La Chine avait-elle les moyens d'enrayer l'épidémie quand cette épidémie s'y est développée ? Je n'en sais rien.

Pour ma part, si l'un des membres de ma famille meurt à cause du COVID-19, je ne porterai plainte contre personne. La raison, tout à fait personnelle, est celle-ci : la mort d'une personne est irréversible, et c'est bien la mort de cette personne qui est le problème. Si la recherche d'un « responsable » et sa condamnation pouvait faire revivre la personne disparue, je porterais plainte sans hésiter. Mais il n'en est rien. Il faut savoir accepter sa propre mort, et celles des autres. C'est une étape qu'il faut savoir franchir. La philosophie peut aider. Elle est très puissante, mais elle n'est pas un médicament que l'on prend pour aller mieux. Elle demande d'être actif, et non d'être passif. Philosopher, c'est réfléchir à sa vie (et à sa mort) pour grandir, pour avancer.

Le passé ne peut pas être modifié, c'est physiquement impossible. Tout ce que nous pouvons faire, c'est transformer le présent pour que le futur que nous ayons soit le plus heureux possible. L'important n'est pas les décisions qui ont été prises (on ne peut pas les changer, c'est physiquement impossible), mais les décisions que l'on prend maintenant, et que l'on prendra dans le futur, quand ce moment arrivera. Seul le présent peut être modifié. Le passé ne peut pas être changé. On peut bien sûr s'appuyer sur le passé pour prendre les décisions qui nous semblent les plus appropriées ici, maintenant. Pour ma part, et cela ne tient qu'à moi, peu importe ce qu'il s'est passé, l'important est ce qui est en train de se déroulé là, maintenant.
J'essaie de vivre dans le présent, en direction de l'avenir, même si c'est parfois très difficile, je l'avoue.

Physique et métaphysique

La masse

La masse est une propriété d'un objet que l'on étudie. On dit qu'une boule de pétanque « pèse » 700 grammes.

Prenons un bloc de fer. Il a une certaine masse. Si on double la quantité de fer, sa masse doublera. La masse est donc proportionnelle à la quantité de matière, donc au nombre d'atomes. Si un atome de fer a une masse a, alors un bloc de fer aura une masse $N \cdot a$, où N est le nombre d'atomes du bloc en question.

On peut donc associer masse et nombre d'atomes. Et donc faire en sorte que la masse soit sans dimension.

Examinons un moment la formule qui relie masse et vitesse d'un objet :

$$m = \frac{m_0}{\sqrt{1 - \frac{v^2}{c^2}}}$$

Et supposons que l'on ait : $m = N \cdot a$

Quand la vitesse d'un objet augmente, sa masse augmente. Mais qu'est-ce qui augmente dans $m = N \cdot a$? N ou a ? Considérons un seul atome : $N = 1$. Supposons que sa masse double. $N = 2$ ou a double. Si $N = 2$, cela signifie qu'un atome se « fabrique ». Pourquoi pas… Mais si la matière ne se multiplie pas, alors la masse de l'atome double. Ce qui ne me convient pas, c'est que la vitesse peut varier selon l'endroit où l'on fait la mesure. Ce que je veux dire, c'est qu'en fonction du référentiel inertiel considéré, la vitesse peut aller du simple au quintuple, voire plus. Donc la masse d'un atome peut varier, mettons du simple au double. En fonction de la vitesse du vaisseau spatial d'où l'on regarde l'atome, sa masse peut doubler. Alors quelle est la masse de l'atome ? m = a ou m = 2a ? Et si un vaisseau spatial a une vitesse qui est presque égale à celle de la lumière, par rapport à l'atome que l'on considère, cet atome a-t-il une masse infinie ?

Pour ma part, cela me pose problème. Voici ce que je pense. Pour créer la relativité restreinte, Einstein a posé que pour faire une mesure, il faut que l'information concernant cette mesure parvienne à nos yeux, ou à l'un de nos capteurs. Mais ce qu'on oublie peut-être, c'est que toutes les mesures dans la relativité restreinte sont conditionnées par ce « principe ». En fait, c'est un peu l'hypothèse qui préside la construction de cette théorie. Tout est construit à partir de la lumière, et de l'information qu'elle nous donne. Mais remarquons que la lumière a une vitesse finie (et non infinie !).

Donc il faut un certain temps pour que la lumière parvienne à nos yeux. Quand la vitesse n'est pas importante, on peut négliger ce temps de latence. Mais quand la vitesse est importante, on ne doit pas négliger cette limitation. Il est possible que cette « incohérence » concernant la masse de l'atome soit due à une limitation du type de mesure que l'on fait, limitation qui est due au fait que la lumière ne va « que » à une vitesse c, et non pas une vitesse infinie.

L'énergie

Qu'est-ce que l'énergie cinétique d'un point de vue très simple ? On dit d'un objet en mouvement qu'il possède une énergie cinétique. Associons énergie cinétique et vitesse.
Il existe une autre forme d'énergie, que l'on appelle énergie potentielle. Etudions deux types d'énergie potentielle : l'énergie potentielle gravitationnelle, et l'énergie potentielle élastique.

L'énergie potentielle gravitationnelle

Lorsqu'on place une boule de pétanque en hauteur, on dit qu'elle possède une énergie potentielle (égale à $E = m.g.h$). En fait, lorsqu'on la met en hauteur, elle peut être lâchée et acquérir de la vitesse. Donc elle a potentiellement de la vitesse. Le point commun entre l'énergie cinétique vu précédemment, et l'énergie potentielle de gravitation, est la vitesse de l'objet (réelle ou potentielle)

L'énergie potentielle élastique

Si je tire sur un ressort, il acquière une énergie potentielle élastique. En fait, si je le lâche, là encore, il acquière de la vitesse. Le point commun entre ce type d'énergie et les autres est la vitesse non nulle, qu'elle soit potentielle ou effective (une fois le ressort lâché et livré à lui-même)

La chaleur

Il s'agit d'une forme d'énergie particulière. Elle est issue d'un mouvement microscopique des atomes et molécules. Là encore, la vitesse semble le point commun entre les formes d'énergie.

Energie relative

Si un objet A est en mouvement par rapport à un autre, B, il a une vitesse par rapport à B. Il est cependant immobile par rapport à un référentiel qui serait fixé à lui-même.
Définissons l'énergie cinétique de A par rapport à B comme l'énergie cinétique de A avec une vitesse v(A/B). Etendons cette définition et ce concept à l'énergie totale. Lorsqu'un objet a un mouvement par rapport à un autre, ce premier a une vitesse par rapport au second, ou, de façon équivalente, a une énergie par rapport au se-

cond. L'énergie n'a donc pas d'existence absolue mais relative. Elle qualifie le rapport qu'ont entre eux deux objets. Plus ils vont vite l'un par rapport à l'autre, ou plus ils pourraient aller vite l'un par rapport à l'autre, plus leur énergie relative est grande.

Lien entre énergie cinétique et énergie potentielle

L'énergie caractérise le lien qui existe entre deux objets. Par exemple, si je lance une pierre contre un mur, deux objets sont remarquables : la pierre qui avance progressivement contre le mur, et le mur en question. Du coup, le mur avance vers la pierre, en vertu du principe de relativité de Galilée. Le mouvement du mur par rapport à la pierre est caractérisé par l'énergie cinétique du mur par rapport à la pierre. Mais quand le mur est en mouvement par rapport à la pierre, qu'est ce qui est modifié ? C'est la distance, ou plutôt la variation de la position du mur par rapport à la pierre. Appelons un tel couple un couple cinétique. Le couple (mur, pierre) évolue au cours du temps, en terme de position de l'un par rapport à l'autre. La variation de la position de l'un par rapport à l'autre au cours du temps est caractérisée par l'énergie cinétique de l'un par rapport à l'autre. L'énergie cinétique du mur par rapport à la pierre est non nulle. Mais je vous assure que l'énergie du mur par rapport à moi est nulle : je suis immobile, donc la variation au cours du temps de la position du mur par rapport à moi est nulle (en tout cas tant que je ne bouge pas).

A partir de quand une énergie potentielle devient non nulle ? Et bien, imaginons que j'ai un arc et une flèche. Je vise la cible. Je tends mon arc (ce qui est à peu près comme un ressort). Alors la corde, donc la flèche à une énergie potentielle élastique. Si je lâche la corde, la flèche file droit sur la cible. Son énergie potentielle élastique se transforme en énergie cinétique ! Donc il y a maintenant une variation de distance entre la flèche et la cible, au cours du temps.

Mais au fait, je pouvais décider de ne pas lancer la flèche, donc
faire en sorte que la flèche et le mur soient à une distante constante,
bref, faire en sorte que la cible et la flèche ne bougent pas l'une par
rapport à l'autre.

Faites une expérience vous-même. Décidez que dans une heure,
vous allez lancer une pierre contre un mur, de façon certaine. Il est
clair que dans une heure, le mur et la pierre auront une énergie cinétique l'un part rapport à l'autre. Mais au fait, à partir de quand la
pierre a-t-elle une énergie potentielle ? A partir du moment où vous
décidez que vous allez la lancer bientôt ? Pourquoi pas ? Je peux
décider que je vais aller au cinéma ce soir. Donc à partir du moment
où j'ai cette pensée, ma voiture a une énergie potentielle par rapport
au cinéma. Effectivement, je vais y aller bientôt, donc ma voiture va
à terme avoir une énergie cinétique par rapport au cinéma.

L'énergie potentielle appartient au futur. Elle est susceptible de se
transformer en énergie cinétique, qui appartient au présent.

Avant d'être cinétique, l'énergie est potentielle. Le présent, qui par
définition est l'instant t, pourrait être défini comme la carte énergé-
tique cinétique des objets de l'univers, les uns par rapport aux
autres.

Qu'est-ce que l'énergie cinétique ?

Il caractérise la variation au cours du temps de la position qu'ont
deux objets l'un par rapport à l'autre. Il y a une une notion d'évolution dans le temps de la position d'un objet par rapport à l'autre.
L'évolution au cours du temps est caractérisée par la carte énergé-
tique, cinétique et potentielle. Elle peut être vue comme l'évolution
spatiale au cours du temps de tous les objets de l'univers les uns par
rapport aux autres

Le temps

Le temps est la toute première question concernant la physique, que je me suis posée.

Je vais vous montrer comment est né le temps. Je trouve regrettable qu'on ne retienne d'un scientifique que les découvertes qu'il a faites, et non la personne qu'il était. Je vais donc vous dévoiler comment j'en suis amené à me poser une telle question. Contrairement à ce que l'on pense bien souvent, une question n'est pas posée pour le plaisir de se la poser. Quel ennui si toutes nos découvertes étaient fades, comme elles le paraissent trop souvent quand on apprend des résultats à l'école ! Après avoir fait un an en classe préparatoire au lycée Louis Le Grand à Paris, et avant de recommencer mes études de médecine, je suis retourné à la Réunion, mon île. Contre toute attente, j'étais de plus en plus obsédé par une déception sentimentale que j'avais eu quelques années plus tôt. J'ai alors commencé à avoir des idées noires (j'étais très jeune à l'époque). J'ai cherché pas mal de solutions, et j'en suis arrivé à utiliser la philosophie pour me sauver : me poser un problème que je ne pouvais pas résoudre. J'ai cherché du côté de la conscience, de l'inconscient, et tout d'un coup, j'ai eu la fabuleuse idée de réfléchir à une question dont j'étais quasiment certain de ne pas avoir de réponse : Qu'est-ce que le temps ? Ça a très bien marché : mon esprit était plus ou moins occupé par cette question, que je n'ai d'ailleurs pas résolue durant mon mois de vacances. Mais j'étais toujours en vie à la fin des vacances : mission réussie ! Pour la petite histoire, j'ai résolu cette histoire de temps quelques mois plus tard. Je vous présente la réflexion que je me suis faite à ce moment-là.

Si je suis en Métropole (France), et si je veux me rendre à l'île de Réunion en bateau, je mettrai environ 20 jours. Mais si l'on regarde précisément ce qui se passe, quand je vais à la Réunion, la Terre tourne 20 fois sur elle-même. On a donc comparé un mouvement (mon voyage en bateau) à un autre (la rotation de la Terre).

Le temps n'existe pas

Donc le temps n'a pas d'existence propre. Il n'existe pas en lui-même. Définir un temps, c'est définir un mouvement de référence, par rapport auquel on comparera les autres mouvements.

Expérience du sablier

Imaginons un sablier. On prend comme unité de temps le mouvement du sable qui tombe du sablier. Etudions un certain phénomène. Quand le phénomène se déroule, le sable est tombé 4 fois (par exemple). On voit encore qu'une unité de temps est simplement un mouvement de référence, par rapport auquel on va comparer les autres mouvements.

A zéro degré Kelvin

Découpons par la pensée un cube dans l'espace. Plaçons-le à 0 degré Kelvin. A cette température, il n'y a pas de mouvement. Donc pas de mouvement de référence. On ne peut donc pas créer de temps.

En fait, il semble que ce soit quelque peu plus compliqué. En mécanique quantique, il existe un principe, appelé principe d'incertitude d'Heisenberg, selon lequel position et vitesse ne peuvent pas être connues en même temps. Si $\triangle x$ est l'incertitude sur la position et $\triangle p$ sur la quantité de mouvement (qui est la masse que multiplie la vitesse), on a :

$$\Delta x \Delta p > \frac{h}{2\pi}$$

Dans cette inégalité, h est la constance de Planck, qui est strictement supérieure à 0.

Si dans notre cube, le mouvement est figé, on connait parfaitement la position donc $\triangle x = 0$. La vitesse (qui est nulle) est aussi parfaitement connue $\triangle p = 0$. Leur produit est nul, ce qui est en contradiction avec le principe fondamentale de la mécanique quantique, puisque le produit en question devrait être supérieur à une constante strictement supérieure à 0. On peut alors supposer que le zéro absolu ne peut être atteint, ou plutôt, que figer le mouvement contredit l'un des principes fondamentaux de la mécanique quantique.

Le big-bang

D'après cette théorie, notre univers aurait été créé par l'explosion de quelque chose. Mais on ne connaît pas les premiers instants de l'univers. Et on ne sait pas ce qu'il y avait avant.
D'après ma théorie sur le temps, le temps n'existe pas en lui-même. Seul existe le mouvement des objets dans l'espace. Mais si le temps n'existe pas, il n'y a pas de flèche du temps, et c'est absurde de parler d'un moment où l'univers est né. L'univers a-t-il toujours existé ? C'est possible. Il n'y aurait pas eu de début, de commencement. L'univers pourrait très bien avoir « toujours » existé.

Le paradoxe des instants

Un instant est un extemporané de l'espace, une sorte de photographie de l'espace qui se trouve devant nous. Le paradoxe est le suivant : si je marche pendant 10 secondes, je parcours 10 mètres. Mais mon parcours peut être vu comme une somme d'instants. Sachant que je marche pendant 10 secondes, comment se fait-il que la somme d'instants de durée nulle fasse une durée non nulle (10 secondes) ? Je vous propose deux explications.

Première explication : théorie et réalité

Un instant est un idéal, une construction de l'esprit. Il correspond en quelque sorte à une photographie à un instant t de l'univers. Un instant de durée nulle est un idéal, commode à utiliser en physique, mais qui ne caractérise de façon stricte aucun phénomène réel. Alors que les 10 mètres parcourus en 10 secondes, c'est une situation réelle.

Se demander pourquoi il y a un paradoxe revient à se demander pourquoi un idéal théorique et la réalité ne sont pas parfaitement accordés. C'est un non-sens : un idéal théorique est là pour aider à décrire la réalité, mais ce n'est pas la réalité.

Deuxième explication : Faire appel à l'infini

Un instant est de durée nulle. Il y a N instants durant mon parcourt de 10 secondes.
Le paradoxe est :

$$N \times 0 = 10$$

La seule façon de s'en sortir, c'est de faire appel à une forme indéterminée. C'est à dire, de poser :

$$N = \infty$$

Il y aurait donc une infinité d'instants au cours de mes 10 secondes. Remarquons qu'il y a une infinité d'instants au cours de n'importe quelle durée : 20 secondes, 1 heure, 3 heures, etc.
Deuxième remarque, utiliser l'infini pour expliquer un fait physique est un peu à la limite de l'acceptable : cela revient à résoudre un paradoxe par un concept, lui aussi quelque peu paradoxal. Nous en discuterons juste après.

***Les mathématiques, la physique, et l'infini.**

Le monde est-il mathématique ? Est-il physique ?*

On part de la réalité, de la nature que l'on peut observer. L'exemple le plus simple est de prendre une balle de tennis. Lançons-là, et filmons le mouvement à l'aide d'une caméra. Lorsque nous décomposons la trajectoire de la balle, nous observons que c'est une parabole. Une parabole est un objet mathématique, qui possède donc des propriétés, dont une formule qui permet d'avoir, en une ligne, la caractéristique du mouvement en question. Par exemple :

$$y = -2x^2 + x + 1$$

Mais   on remarque qu'il y a une infinité de paraboles de ce type en mathématique : toutes celles de la forme :

$$y = ax^2 + bx + c$$

Mais il n'en existe qu'une qui correspond à la trajectoire de notre balle de tennis. On aura beau lancer la balle de la même façon, c'est à dire avec la même vitesse, la même direction, le même environnement que l'on peut supposer sans vent, sans pluie, la trajectoire sera toujours la même : malgré l'infinité mathématique des équations possibles, une seule trajectoire (une seule équation) décrira le mouvement de notre balle de tennis.
Un deuxième exemple que nous pourrions donner est celui de la gravité : **g**. **g** est un vecteur, c'est à dire qu'il a une « longueur » autrement dit une intensité, et une direction. Prenons la gravité en un point M très précis. En mathématiques, si l'on s'amuse à se demander combien de directions peut prendre un vecteur en un point précis, la réponse est facile : il y en a une infinité. Ce vecteur, même en un point M précis, peut tourner sur 360° autour du point M, quitte à se retrouver dirigé vers le haut. La richesse des mathématiques nous

permet de tracer une infinité de vecteurs autour du point M. Mais la
réalité physique est différente : il n'y a qu'un seul vecteur qualifiant
la pesanteur au point M. Il a une intensité qui est toujours la même :
environs 10 m/s2, et une direction unique : du point M vers le
centre de la Terre.

Richesse mathématique et unicité de la réalité

Un exemple encore plus simple est celui-là : que l'on se trouve en
France, ou aux Etats-Unis, lorsqu'on plante une rose, qu'on la laisse
grandir en terre, et bien on aura sensiblement la même chose : la
même rose, que l'on soit en France, aux Etats-Unis, ou ailleurs.
Un exemple encore bien plus simple est le suivant : quel que soit le
lieu où l'on se trouve sur Terre, un bébé grandira sensiblement de la
même façon, et l'adulte qui en résulte sera sensiblement le même.
Unicité de la réalité physique, face à la richesse mathématique, qui
permet d'explorer la réalité physique, et toutes les autres possibilités, qui n'existent pas forcément dans la nature.

Réalité et métaphysique

Notre réalité, le monde dans lequel nous vivons, est un monde physique. Nous avons construit notre physique en le regardant, tout
simplement. Nous avons observé le mouvement des planètes, avons
observons qu'elles font des mouvements « purs », « parfaits ».
Les mathématiques, leur langage nous permettent d'avoir des outils
pour qualifier, mesurer, quantifier notre monde physique, afin de
rendre compte de ce qui s'y passe.

L'infini en mathématiques

Si l'on considère un nombre entier n, on peut a priori aller plus loin : en prenant par exemple le nombre n+1.

Ce processus permet d'aller plus loin, toujours plus loin. L'infini a-t-il une limite ? Non, car si un certain nombre n était sa limite, rien ne nous empêcherait d'aller encore plus loin : par exemple en prenant un nombre encore plus grand que ce nombre.

Se permettre l'infini, c'est se permettre d'aller toujours plus loin, quel que soit l'endroit où l'on se trouve.

L'infini mathématique et l'infini physique

J'en fais la distinction. Ce qui a un sens, en physique, est par exemple le nombre de particules physiques dans l'univers. Un nombre qui le dépasserait n'aurait sans doute aucun sens. Le sens physique l'interdit. Mais à priori, on pourrait mathématiquement aller plus loin. Si n est ce nombre de particules, il suffit de prendre le nombre n+1. Cependant, ce dernier n'a aucun sens.

Les entiers existent-il ?

Je vais démontrer que, dans une certaine mesure, la réponse est non. Faisons une petite expérience, qui permettra de se dégager de tous les concepts qui empêchent d'accéder à la nature des entiers.

Allons près d'une rivière. Essayons de regarder ce qu'il y a devant nous, mais en essayant de ne penser à rien. Pour résumer, on distingue tout plein de « trucs », dont certains peuvent bouger.

Prenons ce que l'on appelle un « caillou ». Prenons un autre objet similaire. Manifestement, ce n'est pas la même chose : sa masse est différente, sa couleur et sa forme diffèrent légèrement du premier objet. Nous pourrions faire la même expérience avec tous les objets qui se trouvent dans cette rivière. Ils sont tous différents.

Mais sur cette couche de base, fondamentale, que nous appelons réalité, on peut faire superposer des couches d'abstraction. La première est de dire que tous ces objets forment un ensemble, partageant certaines propriétés communes. C'est justement l'ensemble des cailloux.

Prenons un cailloux. Prenons-en un autre, et rajoutons-le au premier. Il y a manifestement une différence entre les deux ensembles définis. Le second est « plus fourni » que le premier. On pourrait donc comparer des ensembles de cailloux en utilisant une autre abstraction, appelée relation d'ordre. Du coup, l'abstraction « ensemble des cailloux » a permis de créer des étiquettes pour désigner ces ensembles, de plus en plus grands. Ces étiquettes, qui peuvent être rangées du plus petit au plus grand, sont appelées « nombres » : $1 < 2 < 3$, etc.

Voilà donc qu'on a créé les petits nombres entiers : mettons de 1, à 9, que l'on peut maintenant comparer. Mais bien sûr, on peut augmenter la quantité de ces nombres. Pour éviter d'avoir une infinité de symboles différents, il est nécessaire d'établir un processus qui permet, à partir de quelques nombres, de les écrire tous.

Enfin, on se donne la possibilité de l'infini, c'est à dire d'aller toujours plus loin.

Tout d'abord, à la première couche (la réalité), rien n'a de sens. Faites donc l'expérience suivante pour vous en convaincre. Regardez une scène, par exemple un film au cinéma. Essayez de bloquer vos pensées, tout en continuant à regarder. Vous n'avez plus accès (momentanément) à vos pensées, donc à tout concept se trouvant dans votre mémoire. Vous allez voir des « trucs » bouger, mais qui ne signifient rien, qui semblent n'avoir aucun lien entre eux et aucun sens. Vous n'arriverez pas à donner du sens aux « trucs » que vous voyez.

C'est parce qu'on crée des abstractions pour qualifier la réalité et l'organiser que nous pouvons lui donner un sens. Les entiers n'existent donc pas dans la réalité. Mais les humains les ont inventés afin de pouvoir donner du sens à la réalité. Les entiers restent donc une invention humaine. Cependant, ils sont indispensables au bon déroulement de notre monde, tel qu'il est actuellement.

Les nombres complexes existent-ils ?

Pour créer les entiers, il nous a fallu des cailloux, une relation de comparaison, et un processus pour tous les fabriquer à partir des plus petits. Ils n'existent pas en eux-même, mais ils sont si commodes qu'on les utilise tous les jours. A tel point qu'on peut les considérer comme « réels ». Mais ils correspondent à un degré d'abstraction, qui les rend « moins réels » que la réalité elle-même. Les complexes ont la même propriété. Considérer un plan pour les définir revient à se donner un moyen pratique pour traiter les points du plan. Ils sont tellement utiles au quotidien, ils sont devenus tellement naturels, qu'il est licite de considérer a priori qu'ils « existent ». Même si leur degré d'existence n'est pas aussi profond que la réalité elle-même.

L'infini en physique

En physique, l'infini est une approximation. On utilise ce concept mathématique, lorsque l'on veut quantifier quelque chose de très grand. En fait, on voit apparaître l'infini en physique lorsqu'on utilise le langage mathématique pour essayer de quantifier des phénomènes qui sont très grands.

Détermination de la nature du temps

On part de l'égalité bien connue d'Einstein de la relativité générale :

$$ds^2 = -c^2 dt^2 + dx^2 + dy^2 + dz^2$$

Remarquons simplement qu'en utilisant l'imaginaire pur :

$$i^2 = -1$$

On peut écrire que :

$$-c^2 dt^2 = i^2 c^2 dt^2 = (icdt)^2$$

Nous partons donc de l'équation :

$$ds^2 = (icdt)^2 + dx^2 + dy^2 + dz^2$$

Nature du temps

Arrêtons nous en un point M précis et restons-y : $dx = dy = dz = 0$. On a donc :

$$ds^2 = (icdt)^2$$

La seule façon pour que la longueur imaginaire $i{\cdot}c{\cdot}dt$ soit réelle est que $c{\cdot}dt = 0$ donc que $dt = 0$. Autrement dit, il faut être au présent. Le futur ($dt > 0$) est imaginaire : il n'existe pas encore. Le passé ($dt < 0$) est aussi imaginaire : il n'existe plus. Seul l'instant présent est réel.

Impression de durée

Cependant, nous avons l'impression que ce que l'on vit dure. C'est que nous avons une mémoire, qui nous permet d'avoir conscience de ce que l'on vient de voir, ou de ce que l'on vient de ressentir.

Nature physique du temps

Si l'on fige l'espace, seul le temps s'écoule. Autrement dit, nous n'avons que :

$$ds^2 = (icdt)^2$$

Mais $c \cdot dt$ est une longueur, c'est la longueur que parcourt le temps au court de dt secondes. Le temps va donc à la vitesse c. Le temps va à la vitesse de la lumière.

Or, le seul objet qui peut aller à cette vitesse est la lumière elle-même. Autrement dit, je fais l'hypothèse que la particule qui porte le temps est le photon.

Mesure des distances

Dans les équations d'Einstein, le temps a la fâcheuse manie de se mêler à l'espace. Essayons de voir pourquoi. Quand le photon parcourt $c \cdot dt$ mètres, alors dx, dy, et dz varient. On peut dire que dx, dy, dz dépendent du temps. L'équation deviendrait donc :

$$ds^2 = (icdt)^2 + (dx(dt))^2 + (dy(dt))^2 + (dz(dt))^2$$

Cependant, Einstein mesure les distances en utilisant la lumière. Si la lumière est la particule du temps, la mesure des distances et des vitesses fait intervenir la lumière, on peut donc « accepter l'idée » que les particules et les photons se mélangent, autrement dit que l'espace et le temps se mélangent.

Doit-on trouver un autre moyen de mesurer les distances et les vitesses ?

Prenons deux cailloux séparés par une distance d. Je peux mesurer la distance d de plusieurs façons. Je peux prendre un mètre et mesurer : 20 cm, par exemple. Mais si je lis 20 cm sur ma règle, c'est que je la vois. C'est donc que des photons venant des deux bouts de ma règle arrivent au niveau de ma rétine, et de mon cortex occipital. Mais si je veux mesurer la distance entre deux points éloignés, et que je ne n'ai pas de règle assez grande, il faudra de toute façon que j'envoie un signal à partir du premier objet, en direction du deuxième objet.
Ce signal peut par exemple être une onde sonore ou des photons.

Comparaison d'une onde sonore et d'une onde lumineuse

Si mes deux objets sont éloignés de 10 km, il faudra attendre que l'onde sonore parcourt l'espace et rebondisse sur le deuxième objet, pour revenir au niveau du premier. Elle aura en tout parcouru une distance de 20 km. Mais comme une onde sonore est lente, il faudra prendre en compte ce « temps supplémentaire » dans les calculs.
Si on utilise la lumière : on ne peut a priori pas aller plus vite. Je ne vois donc pas vraiment ce qu'on pourrait prendre de « mieux » pour mesurer des distances entre deux objets. La difficulté est peut-être que la lumière est à la fois un outil de mesure, et à la fois quelque chose qui va à la vitesse c en même temps que l'on fait la mesure. Nous avons en quelque sorte une double variation : le photon est à

la fois le vecteur du temps, et à la fois le vecteur de l'information qualifiant la distance entre mes deux objets.

Retour sur l'équation d'Einstein,

$$ds^2 = (icdt)^2 + dx^2 + dy^2 + dz^2$$

On pourrait a priori voir le facteur $(i{\cdot}c{\cdot}dt)$ comme un facteur correctif de la mesure de la longueur entre les deux objets. Ecrivons :

$$ds^2 = (icdt)^2 + (d\vec{r})^2$$

En dt secondes, la distance a effectivement variée de **dr**, et la lumière a bougé de $(c{\cdot}dt)$ mètre. Donc si l'on considère $(i{\cdot}c{\cdot}dt)$ comme une correction de la mesure due à l'utilisation de la lumière pour faire la mesure, on pourrait peut-être « corriger » la faible erreur due au caractère fini de la vitesse de la lumière.

En route à la vitesse de la lumière

Supposons que je sois dans un vaisseau spatial à une vitesse **v**. J'augmente ma vitesse jusqu'à c. Qu'est-ce que je deviens ? Il semblerait que ce soit des photons (les seuls, par hypothèse, qui vont à cette vitesse). Je deviendrais donc pure énergie.
Si je vais aussi vite que le temps, c'est que je suis énergie pure.
Donc à l'échelle de la vitesse du temps, la matière n'existerait plus. Il n'y aurait qu'énergie pure.
Donc, c'est heureux d'un certain point de vue qu'on aille aussi lentement. Si on allait aussi vite que le temps, on serait de l'énergie pure. Je ne suis pas si sûr que l'énergie pure puisse être aussi organisée que la matière. Pour être plus clair, si vous alliez à la vitesse c,

et bien je ne sais pas du tout en quoi vous vous transformeriez, et ce que vous deviendriez. Pour ma part, je préfère rester à une vitesse bien inférieure à celle de la lumière.

Création d'un temps

S'il fait nuit et que j'allume une lampe, j'envoie des photons devant moi, donc du coup, je créée un temps si l'on veut.

Si je suis dans un vaisseau spatial et que je vais à une vitesse égale à $0.9\,c$ et que j'allume ma lampe vers l'avant de mon vaisseau, je balance du temps devant moi. Chaque photon, en temps que particule du temps, va à c (puisque le temps va toujours à c). Ce qui justifierait peut-être que le temps va toujours à la même vitesse, à c, indépendamment du référentiel que l'on utilise pour le mesurer.

A la limite du temps

Le temps va à la vitesse de la lumière : c. L'univers est en expansion, ce qui implique que des photons filent tout droit. Leur vitesse n'étant pas infinie, cela implique que les photons les plus loin de l'univers sont au bord de l'univers. Ces photons, maintenant à une distance d du lieu du big-bang, ils portent un temps de d/c, le plus vieux temps qui existe probablement.

Qu'y a t il au-delà de l'univers ? Cela revient à se demander ce qu'il y a au-delà du temps.

Qu'y avait-il avant le big-bang ? S'il n'y avait pas de photon, nulle part, cela reviendrait à dire que le temps n'existait pas encore.

Les questions portant sur la limite du temps, et de son origine ont-elles un sens à l'échelle de l'humain ? Nous n'étions pas là avant le big-bang, donc il n'y avait a priori aucun cerveau humain. Donc, il n'y avait ni observation, ni réflexion possible. Donc réfléchir à un moment qui a précédé le temps, ou alors qui dépasse le bord de l'univers est tout simplement au-delà de toute perception humaine.

A ce moment-là s'arrête la philosophie : au-delà du temps, avant le temps, pas de possibilité d'éprouver, pas de possibilité d'imaginer ces moments-là.

C'est là que doit commencer la physique : faire du temps, et de tous les autres objets de la réalité des « choses physiques », des « objets physiques », et ces objets doivent aller au-delà de toute perception anthropique.

Le concept le plus simple est celui de température. Certes, on peut ressentir une atmosphère plus ou moins chaude. On peut avoir un malaise quand il fait trop chaud. Mais tout cela est de l'ordre de la psychologie.

A la place, dire que ce « que » nous percevons par « température » correspond en fait à la vitesse des atomes vis à vis de nous, de notre peau (c'est notre peau qui renferme des thermorécepteurs, organes biologiques qui envoient les messages de température au cerveau, et c'est dans notre cerveau que se créée la sensation de chaleur).

La sensation de chaleur, ou la température plus ou moins chaude sont des sensations, propres aux humains (c'est nous qui avons d'ailleurs inventé l'étiquette « chaleur » ou « température »). C'est un phénomène purement anthropique.

La réalité physique, c'est la vitesse des objets. Plutôt que d'avoir une représentation binaire anthropique/physique, je vous propose plutôt d'avoir une vision de type « nuance de gris ». Par exemple, la vitesse d'un atome est beaucoup moins anthropique que la sensation de chaleur, mais « vitesse » et « atome » sont deux étiquettes que nous, humains, avons inventées pour décrire le monde. Elles ont donc une nuance anthropique, mais sont sûrement bien plus proche de la réalité que ne l'est l'étiquette « sensation de chaleur sur ma peau ».

Ma conception de la physique

Quand j'ai lu les cours de Feynman, j'ai découvert que celui-ci dit de façon très simplifiée que la physique consisterait à observer le monde, et à trouver les lois, c'est à dire des équations, des relations entre les objets que l'on voit.

La physique ne serait donc pas une science qui chercherait la réalité, en première intention en tout cas.

Mais la physique est l'activité des physiciens. De même que la philosophie est l'activité que pratiquent les philosophes.

Chaque philosophe a sa conception, donc sa définition de la philosophie.

Je peux donc dire que chaque physicien a sa propre définition de ce qu'est la physique. Autrement dit, chaque physicien a ses propres buts, ses sujets de prédilection, bref une propre pratique, associée à un ou des buts.

Je ne suis pas allé à la faculté de physique. C'est dans les cours de Feynman que j'ai commencé à en faire. J'ai tant bien que mal essayé de définir la Physique, en fonction de ce que je lisais. L'objectif que j'ai attribué à la physique, à ce moment-là, était de déterminer précisément la réalité.

Les mathématiques

Il me semble qu'une théorie mathématique est construite comme suit : on part de choses évidentes (les axiomes). De définitions (qui sont des constructions d'objets théoriques, ou de concepts), et à partir des axiomes, on démontre des choses, qui seront nécessairement « vraies ». Car à partir d'un point de départ « vrai », et en utilisant des règles de logique, un cheminement quasi-mécanique débouchera sur des résultats « vrais ».

Mais quand l'on se pose une question telle que : « Qu'y a-t-il au-delà du temps ? », une chose que l'on pourrait faire est de se demander s'il existe des objets mathématiques qui pourraient être plaqués sur certains objets impliqués dans cette réflexion. Et deuxièmement, si les objets physiques que l'on considère suivent nécessairement les lois de la logique classique, ou une autre forme de logique.

En tout cas, il m'a semblé qu'il y a deux disciplines qui sont reines au pays de la physique : la philosophie, et les mathématiques. La philosophie comme point de départ, pour savoir de quoi on parle, et pour réfléchir. Mais au-delà des mots utilisés pour décrire ces objets physiques, il y a ce qu'on ne peut plus dire, ce à quoi l'on ne peut plus penser. Là interviennent les mathématiques, le langage mathématique, qui a un cheminement logique beaucoup plus abouti que n'importe quel autre langage, pour aller au-delà des mots sans dire des choses fausses, au-delà de la possibilité de réflexion philosophique, en somme les mathématiques sont l'outil le plus puissant que peut utiliser un humain, quand il s'agit de sonder des sujets qui échappent à une réflexion philosophique, c'est à dire une réflexion en utilisant des mots français simples.

Modèles et réalité : retour sur le lien entre mathématiques et physique

Supposons que j'observe un phénomène précis. Prenons l'exemple du mouvement de la lune autour de la Terre. Dans un premier temps, je fais des mesures (j'utilise un mètre pour la distance, un chronomètre pour l'écoulement du temps, un goniomètre pour mesurer les angles). A l'aide d'un ordinateur, je trace la trajectoire que j'ai pue obtenir grâce à mes mesures. Je remarque que c'est à peu près un cercle.

Or, en mathématiques, un cercle est un objet, qui possède certaines propriétés bien précises. A partir du rayon d'un cercle, on peut simplement avoir accès à des paramètres simples : son périmètre ou son aire par exemple. On peut aussi avoir une équation de ce cercle, qui permettra de définir ce cercle facilement grâce à une formule mathématique simple.

L'utilisation de ces formules mathématiques permet de poursuivre
« quantitativement » l'exploration de la réalité, quand l'expérience
ou la conceptualisation philosophique seraient difficiles.
Un phénomène réel est quelque chose de complexe. En l'observant,
l'idée est de déterminer si un objet mathématique peut à peu près
être plaqué sur cette réalité en question. Si c'est le cas, la théorie
mathématique associée à l'objet mathématique pourra être utilisée.

Exemple d'une modélisation : le modèle du puit de potentiel

Après avoir fait des mesures physiques précises de l'énergie potentielle d'un objet, on suppose que l'on peut obtenir une courbe sur un
ordinateur. Mais je ne peux pas en faire grande chose. Et pour
cause, je n'ai pas dans ma boîte à outils de formule correspondante
à la courbe que j'ai obtenue. Par contre, si je simplifie considéra-
blement la courbe, et que je fais apparaître des lignes droites, paral-
lèles aux axes des abscisses et des ordonnées, je peux naturellement
utiliser un outil mathématique simple : des droites, et tous les résultats mathématiques qui sont associés à la théorie sur les droites.

La gravitation

Lorsque vous prenez une balle de tennis, et que vous la lancez, elle
retombe, bien évidemment. Lorsque vous êtes sur une côte en voiture et que vous ne donnez plus d'impulsion à votre voiture, vous
dégringolez. Vous distinguez une balle de tennis, puisqu'elle de
couleur jaune, de votre voiture, qui a une forme et une couleur particulières. Mais au fait, on arrive à faire la distinction entre deux
objets, car nous avons des yeux et un cerveau qui permettent de dif-
férencier les longueurs d'onde, donc les couleurs. Si vous voyiez en
noir et blanc, distinguer les objets serait un peu plus difficile.
Mais allons encore plus loin : imaginez un instant que vous voyez
tous les objets en noir, et cela quel que soit l'objet en question : un

arbre, une fleur, une balle de tennis. Il y a du noir, c'est tout. Que verrait-on ? Des trucs qui bougent, un peu partout, mais qui sont scotchés au sol. Les objets noirs formeraient un tout, qui est la Terre. Tout objet dégringole ou retombe pour atterrir le plus bas possible.

Le mouvement semble naturel. Aller vers le haut nous semble naturel. La gravitation serait quelque chose qui nous contraindrait. Voyons les choses d'une autre façon : et si c'était le mouvement qui était « contre-nature » ?

La première loi de Newton

Elle concerne les référentiels inertiels, c'est à dire ceux qui vont tout droit à vitesse constante.

A votre avis, êtes-vous immobile ? En fait, la mobilité ne veut pas dire grand-chose. Je suis certes immobile sur la Terre, mais la Terre tourne autour du soleil, à une vitesse folle. Nous allons donc très vite.

Ce que l'on ressent, ce sont les accélérations, et les décélérations. Quand on est à vitesse constante, on ne sait pas qu'on bouge. Si je suis dans un vaisseau spatial à 100,000 km/h, et que je vais tout droit, suis-je en mouvement ou immobile ? Je suis en mouvement rapide par rapport à la Terre, mais je suis immobile dans le référentiel de mon propre vaisseau. Je suis également immobile par rapport à un autre vaisseaux spatial qui irait dans la même direction que la mienne, à la même vitesse.

Alors quel est mon mouvement ? Suis-je immobile ? Vais-je à 100,000 km/h ? En fait, ces deux propositions semblent équivalentes. Affirmer l'une plutôt que l'autre dépend simplement du lieu d'où est effectuée la mesure de la vitesse à laquelle je suis censé aller.

La deuxième loi de Newton

La masse étant une quantité sans dimension, on peut la négliger en considérant qu'une force est une accélération, et qu'une accélération est en fait une force. Une force, c'est une accélération.

Quand je monte les escaliers, j'ai l'impression d'être lourd. En fait, je dois tirer mon poids, mais quand je monte une marche, j'accélère du sol de la marche sur laquelle je suis, à la suivante. En accélérant, je crée une force , si bien que je dois tirer mon poids, et l'accélération qui s'y rajoute.

Autre exemple, supposons que j'ai un accident de voiture, et que je sois projeté contre un mur. L'accélération est égale à la variation de la vitesse, pendant le temps que dure l'accident. Donc, on a :

$$a = \frac{v_{finale} - v_{initiale}}{t_{finale} - t_{initiale}}$$

La vitesse finale est 0, la vitesse initiale, mettons 60 km/h. Le passage entre l'état initial vers l'état final s'est fait en une fraction de seconde :

$$t_{finale} - t_{initiale} \longrightarrow 0$$

Donc l'accélération est égale à un nombre extrêmement grand :

$$a \longrightarrow \infty$$

Autrement dit, l'accélération donc la force exercée sur moi est énorme. Fort heureusement, j'ai un casque, et mes tissus à l'intérieur de mon corps sont mous, donc la variation de chacun de mes tissus (mes neurones, mes cellules sanguines, etc.) entre ma vitesse initiale (qui est de 60 km/h), et ma vitesse finale (qui est toujours 0 km/h), se fait en un temps plus long donc l'accélération, donc la force, est beaucoup moins grande.

Plus le mouvement de mon corps se fait doucement, moins grande
sera la force exercée sur mon corps.

C'est aussi l'un des rôles d'un airbag. En cas d'accident de voiture,
plutôt que la tête du conducteur aille d'une vitesse de 100 km/h, à
une vitesse de 0 km/h en une fraction de seconde, un airbag permet
de faire en sorte que la durée de ce phénomène soit plus grande.
Même en passant d'une seconde à 3 secondes, l'accélération, donc
la force sur les tissus est 3 fois moins grande. Ce qui est nettement
moins !

Troisième loi de Newton et rotation

Une force permet de modifier la vitesse d'un objet, dans une direction. La force exercée pendant un tout petit instant a pour effet de
faire bouger notre objet, initialement au repos, et ira ensuite à une
vitesse constante, en ligne droite. On peut donc dire qu'une brève
accélération provoque la naissance d'un mouvement de translation.
Examinons ce qui se passe pour un objet B, qui est relié à un objet
A par une tige métallique. Considérons que le point A est immobile.
Supposons enfin que je sois confortablement assis dans un fauteuil
qui se trouve dans l'objet B. L'objet B peut être par exemple une
petite capsule ; mon fauteuil est fixé à l'objet B : il ne bouge pas au
sein de la capsule.

Exerçons une force très brève (pendant dt), sur l'objet B de sorte
que l'objet B se mette en mouvement. L'objet B « veut » aller tout
droit à la vitesse **v**. La force exercée sur B « voudra » produire un
mouvement de translation. Mon objet B veut aller tout droit (sans
force, c'est le mouvement de translation qui est naturel), mais la
tige qui me relie à A fait courber la trajectoire de B.

Mais moi, j'ai été dans un premier temps soumis à la force de départ d**F**, qui a engendré un mouvement de translation en direction
de **v**. C'est parce que ma capsule est « contrainte » de suivre le
mouvement imprimé par d**F** que, au départ, je vais tout droit. Or ma

82

capsule tourne, parce qu'elle est « contrainte » de suivre le mouvement imprimé par l'objet A. Du coup, dans un deuxième temps, je suis scotché à l'extrémité de la capsule du fait du mouvement forcé de celle-ci : c'est la force d'inertie, qui est bien réelle !

En bref, une force d'inertie semble résulter de la confrontation entre le mouvement naturel de translation, et la nécessité de tourner : c'est le cas d'un objet relié à un autre par une tige, ou plus simplement à cause de la force de gravitation, qui force la lune à tourner autour de la Terre (alors qu'elle devrait aller tout droit normalement, sans gravitation).

La forme de la vitesse : Etat des lieux

Dans son oeuvre sur la relativité restreinte, Albert Einstein, après des raisonnements, en arrive à une formule donnant la masse de l'objet en fonction de sa vitesse :

$$m = \frac{m_0}{\sqrt{1 - \frac{v^2}{c^2}}}$$

Puis, par un développement limité, il en arrive à l'expression de la quantité suivante :

$$m_0 c^2 = \frac{1}{2} m v^2 + \dots$$

A droite de l'expression qu'il a obtenue, il y a un terme de la dimension d'une énergie cinétique, donc d'une énergie . Par un argument tout simple de dimension, il en vient à la conclusion que le terme de gauche est aussi une énergie, qu'il a appelée énergie de masse.

Prenons l'énergie de masse . Comme la masse est sans dimension, ou peut être remplacée par le nombre de particules, l'énergie a la dimension d'une vitesse au carré :

$$E = Nc^2 = c^2$$

Lorsque je multiplie une longueur L par une longueur L, j'ai le carré d'une longueur, c'est une aire. Par analogie, on pourrait a priori définir la variable « aire de la vitesse ». L'énergie de repos pourrait donc s'écrire grossièrement :

$$E = \alpha A_v$$

α est une constante quelconque. L'énergie a la dimension d'une aire de la vitesse (le carré de la vitesse). L'aire de la vitesse a-t-elle une signification physique simple ? Je n'en sais rien.

C'est en tout cas troublant que le carré des vitesses apparaisse souvent en physique. En relativité restreinte, un facteur apparait dans le terme qui dilate le temps et contracte les longueurs. Le voici (v est la vitesse de l'objet de notre étude, et c est la vitesse de la lumière, dont la valeur est constante dans le vide) :

$$\gamma(v) = \frac{1}{\sqrt{1 - \frac{v^2}{c^2}}}$$

Dans le terme différentiel qui unit l'espace et le temps, on a :

$$ds^2 = -c^2 dt^2 + dx^2 + dy^2 + dz^2$$

Ici c'est la vitesse de la lumière qui est élevée au carré.

Dans l'énergie de repos d'une particule, c'est encore le carré de la vitesse de le lumière qui apparaît :

$$E = mc^2$$

Dans la formule donnant l'énergie cinétique d'une particule en mécanique classique, on a :

$$E_c = \frac{1}{2}mv^2$$

Là encore, c'est le carré de la vitesse qui entre en jeu.

Mesure simple dans l'espace-temps

Le temps ayant une dimension d'une longueur, je parlerais, non de l'espace-temps, mais du 4-espace.
Prenons deux points A et B dans le 4-espace. Si mon vaisseau va de A en B sans accélérer, il y va en ligne droite à vitesse constante. Disons qu'il parcourt une distance L.
Dans son propre référentiel, il va à vitesse nulle en A, et à vitesse nulle en B. Il n'a pas bougé. On imagine qu'entre $\mathbf{v}(A)=0$ et $\mathbf{v}(B)=0$, il y a une droite dans l'espace-temps, reliant le point A au point B. Mais s'il accélère, il est à vitesse nulle en A, et nulle en B dans son propre référentiel, car je suppose en plus qu'il a accéléré entre A et B, mais qu'il est à vitesse constante en A, et que sa vitesse redevient constante à partir de B. Il a parcouru une distance spatio-temporelle U. Dans une représentation intuitive de l'espace-temps, puisque L

est une droite, et que $U > L$, U est plus long qu'une droite : U est une courbe. Donc accélérer fait courber le 4-espace.

Propagation de la lumière dans l'espace

En physique, il est admis que la lumière peut se déplacer dans le vide : il s'agit d'une onde électromagnétique, qui file en ligne droite.

Mais par définition, une onde est une perturbation de quelque chose. Par exemple, quand on lance un caillou dans l'eau, la perturbation est le mouvement de va et vient de haut en bas de l'eau, qui monte et qui descend. Ce mouvement va se propager, de proche en proche, à toute l'eau adjacente (c'est ce qui provoque les fameux « ronds dans l'eau », qui s'éloignent progressivement du centre). Cependant, pour le cas de l'eau, la perturbation est le mouvement de l'eau, qui se transmet à l'eau qui se trouve juste à côté : le milieu de propagation est donc l'eau, ce qui est très facile à concevoir. Mais pour la lumière ? C'est une perturbation de quelque chose qu'on appelle « champs électromagnétique ». Mais si la lumière est vraiment une onde électromagnétique, la propagation de proche en proche du champs implique qu'il doit préexister quelque chose dans le vide, c'est à dire un champs électrique E et un champs magné-tique B, ou en tout cas ce qui en est à l'origine.

Il faut donc bien que cette chose préexiste dans l'espace. A moins de considérer que l'espace est vide et que, par conséquent, le photon soit une modification de l'espace en lui-même, et que les champs E et B soient créés par des déformations de l'espace lui-même.

Qu'est-ce qu'il y a à côté de l'univers ?

On peut imaginer l'univers en expansion comme un gros ballon de plus en plus gros au fur et à mesure que le temps passe. D'accord, mais il gonfle au dépend de quelque chose, c'est à dire de ce qu'il y a à côté. Mais qu'y a-t-il à côté ? Du vide ?

Même si l'on suppose qu'il y a du vide à côté, de quelle volume, aire, ou longueur mesure ce vide ? Cela nous ramène à la question physique : peut-on penser le vide ? Quelle est la dimension d'un « morceau de vide » ?

Nous pouvons mesurer la largeur du clavier de votre ordinateur grâce à une règle graduée. C'est donc par rapport à la règle, qui est notre système de référence, que nous mesurons un autre objet. Si vous prenez un objet quelconque « flottant » dans l'espace, quelle est sa longueur ? Il faut une règle ! Si l'on se situe dans du vide, il n'y a rien autour. Si on y plaçait une règle, il y aurait alors quelque chose, donc on ne serait plus dans le vide. En fait, mesurer le vide est a priori une absurdité, puisqu'on ne peut pas y mettre de règle. Quant au temps, il n'est pas défini dans le vide. Il faudrait en effet un mouvement de référence (qui serait l'unité de temps). Mais comme il n'y a rien, il n'y a a fortiori pas de mouvement. Pas de temps, pas de possibilité de mesure possible.

Néanmoins, une possibilité serait, comme nous l'avons déjà dit, que le vide n'est pas vide : il préexiste au moins un champs électrique et un champs magnétique. Sans cette condition, la lumière, qui est une perturbation de ces deux grandeurs, ne pourrait pas se propager dans le vide. Du coup, en utilisant l'outil de mesure d'Einstein, la lumière, il serait peut-être possible de mesurer une longueur de ce que l'on appelle « vide ».

Dimensions et gravité

Prenons l'exemple d'une balle, qui est sur le sol. Elle est immobile, et peut y rester longtemps, à moins qu'on lui communique de la vitesse (donc de l'énergie) pour rouler : elle reste alors sur une surface (La Terre). Nous pouvons l'amener dans la troisième dimension : donnons-lui de l'énergie pour qu'elle se déplace vers le haut, d'une hauteur h (en la prenant par la main par exemple). Elle peut du coup acquérir de la vitesse si on la lâche (une fois en hauteur, elle a de l'énergie potentiellement, due à sa situation).

La troisième dimension de l'espace n'existe que parce qu'on peut aller en hauteur, donc l'espace tridimensionnel n'existe que parce qu'il y a de l'énergie (donc de la vitesse). Sans énergie, on retombe sur Terre.

Le moyen d'échapper à cette attraction ? Avoir suffisamment de vitesse pour tourner autour de la Terre sans venir s'y écraser, chose que fait très bien notre Lune.

Réduction dimensionnelle

Si je donne de l'énergie à une balle pour rester en l'air (énergie potentielle liée à sa hauteur), et si je la lâche, elle perd de l'énergie, et elle tombe par terre. De 3 dimensions, elle passe à 2 dimensions. Si je donne de l'énergie cinétique à une balle immobile qui est au sol (je la pousse), elle acquiert de la vitesse. Donc elle passe de dimension 0, à une dimension 1 ou 2. Si elle le pouvait, cette balle s'enfoncerait au centre de la Terre, et viserait donc 0 dimension (un point). D'après cette expérience de pensée, la réduction dimensionnelle semble la règle sans énergie. L'énergie permettrait donc d'ajouter des dimensions. Et sans énergie, on tend vers la dimension 0, donc le point. Deux objets massiques au repos se rejoignent et essayent de tendre vers la dimension 0. Comme ils ne peuvent pas former un point (il y a de la matière), ils se contentent de se toucher : c'est la gravité. Pour vaincre la gravité, il faut donc de l'énergie (ou de la vitesse, c'est équivalent).

La gravité (que l'on pourrait appeler un réducteur dimensionnelle) semble s'opposer à l'énergie (que l'on pourrait appeler un multiplicateur dimensionnel). Avec de l'énergie, on peut vaincre la gravité. Sans énergie, la gravité l'emporte. Sans énergie, la gravité semble la règle.

La mécanique quantique

La relativité générale et la mécanique quantique ont deux façons totalement différentes d'appréhender la réalité.

La mécanique quantique a été construite à partir des expériences qui ont été effectivement été réalisées, et effectivement observées. A partir de ces expériences, on définit un certain nombre d' « axiomes », qui sont en fait les briques fondamentales de la réalité. En géométrie, on parle d'axiomes de la géométrie euclidienne. En mécanique quantique, on pourrait parler d'axiomes de la réalité. En géométrie euclidienne, si l'on accepte que les axiomes sont « vrais », c'est à dire si l'on considère que ces axiomes sont les briques fondamentales qui permettent de construire les objets mathématiques, un raisonnement logique fait à partir de ces hypothèses aboutira sûrement à un résultat « vrai », en tout cas vrai dans le monde de la géométrie euclidienne.
En mécanique quantique, nous avons un système d'axiomes de la réalité, qui permet progressivement de « construire » la réalité, comme on construit des objets géométriques à partir des axiomes de la géométrie euclidienne.
C'est la raison pour laquelle la mécanique quantique, en plus d'être une théorie physique, se comporte également comme si c'était une théorie mathématique. La raison en est qu'elle se construit à partir d'un système d'axiomes de la réalité, qui peut être traduit par des symboles, et du coup les « axiomes » et les objets construits se traduisent à l'aide d'un formalisme mathématique. Moyennant le strict respect de la logique de la mécanique quantique, un raisonnement logique permettra d'arriver à une prévision, qui a toujours été vérifiée jusqu'à présent.
C'est pour cela que la mécanique a toujours été vérifiée, et n'a jamais été mise en brèche. Puisque l'on part des axiomes de la réalité, un raisonnement à partir de ces axiomes, se soldera par un résultat qui sera sans doute vérifié, s'il est vérifiable expérimentalement.

Mais les objets à partir desquels on part sont très simples. Et pourtant, même pour un simple électron, les équations peuvent être longues et horriblement compliquées. Je n'ose même plus en regarder une seule !

Si nous partions des axiomes de la réalité, et si nous voulions construire un livre, ou un téléphone portable, je n'ose même pas imaginer le degré de complexité des équations. En combien de pages tiendrait la formalisation d'un téléphone portable en terme de symboles appartenant au formalisme de la mécanique quantique ? Des centaines ? Des milliers ? Des millions ? Des milliards ?

La relativité générale

En relativité générale, on part d'un objet macroscopique, extrêmement gros (une étoile par exemple). Les équations initiales sont le plus souvent simplifiées grâce à des développements limités, en tout cas d'après ce que j'ai pu voir. Je me trompe peut-être. Si c'est le cas, je prie les spécialistes de la relativité générale de bien vouloir m'excuser, et de ne pas prendre en considération le raisonnement suivant.
Prenons l'exemple d'une simple courbe, dessinée sur une feuille de papier. Plaçons-nous en un point précis de la courbe. Si l'on utilise un développement limité en un point, nous serons très précis en ce point, et juste à côté de ce point. Mais plus on s'en éloignera, et plus on deviendra imprécis, et plus l'information se perdra. C'est un peu comme si l'on était dans le noir, avec une lampe frontale. Juste à côté de soi, on voit assez bien. Et plus on s'éloigne, et moins on voit clair. A partir d'une certaine distance, on ne voit plus rien.

Quelques idées possibles pour réunir la mécanique quantique et la relativité générale

Ces deux théories ont deux approches complètement différentes. Si l'on part de la relativité générale, et qu'on essaie de descendre vers des objets plus petits, on perd en informations. Du coup, on arrive à un paysage, qui, à force d'avoir été simplifié, ne correspond plus à la réalité, mais en est une approximation. Par exemple, un peintre regarde la réalité, et même avec la meilleure volonté du monde, le tableau qu'il peint en est une approximation. Une approximation suffisante pour reconnaître le paysage, mais le tableau qu'il a peint n'est pas la réalité telle qu'elle est vraiment.

Si l'on part de la mécanique quantique, on partira des axiomes de la réalité, et on pourra construire très précisément la réalité, mais avec quel niveau de complexité ?
A un moment, les équations deviendraient probablement tellement compliquées, que l'on serait obligé de s'arrêter.

Donc, avec des développements limités qui font perdre de l'information d'un côté, et de l'autre côté, la construction de la réalité (qui devient de plus en plus complexe), comment les faire cohabiter ?
C'est un peu comme si l'on voulait faire correspondre très exactement la réalité d'un paysage, et le tableau que le peintre en a fait.

Je vois une autre approche possible.
Les développements limités sont simples, car ce sont des approximations d'une fonction sous la forme d'une somme (infinie) de polynômes.
Pour coller précisément à une fonction, on peut utiliser une somme infinie de cosinus si la fonction est périodique : c'est une série de Fourier.
Si la fonction n'est pas périodique, on peut utiliser une « somme » continue infinie, ce qui est une intégrale de Fourier.

Mais je craints qu'avec cette approche, les physiciens qui essaye-raient d'adopter cette démarche, aboutiraient à une infinité d'inté-grales d'intégrales, etc. Et donc, la simplicité que l'on a avec les développements limités serait perdue, au prix d'un probable ac-croissement de la complexité des équations.

En partant d'en haut (la relativité générale) en utilisant les inté-grales de Fourier, et en partant aussi d'en bas (la mécanique quan-tique), on arriverait peut-être à faire cohabiter à un moment les deux réalités ainsi construites, puisqu'il ne devrait plus y avoir de perte d'informations d'un côté comme de l'autre.

Interprétation des expériences de mécanique quantique

Je vous propose une interprétation personnelle des expériences de mécanique quantique.

Lors d'une expérience de mécanique quantique, on voit se construire la réalité. Dans un premier temps, il y a une indétermina-tion des états d'une situation. Cela signifie qu'il s'agit d'une sorte de mélange de plusieurs situations possibles.
Quand on veut savoir ce qui se passe vraiment, on est obligé de re-garder, donc d'envoyer des photons sur la réalité que l'on veut voir. Mais un photon a une vitesse finie : la vitesse de la lumière. Entre le moment où l'on envoie le photon, et le moment où il rebondit et il revient, il s'est passée une certaine durée. La réalité, qui n'était pas encore construite, est maintenant construite, et est représentée par un état quantique qui est unique.

Photon, moteur de la vie

Je préviens mes lecteurs : cette partie est un brin difficile, car un brin abstraite et demandant quelques connaissances en biologie.

Un photon n'a pas de masse, donc pas de matière. Il est de l'énergie pure. Il va très vite (300,000 km/s). Il donne de l'énergie à tout ce qu'il touche.

Quand le soleil brille, il envoie sur Terre des photons en pagaille. Lors de la photosynthèse, les photons vont transformer le dioxyde de carbone et l'eau en sucre, libérant de l'oxygène. L'énergie cinétique des photons est peut-être communiquée aux molécules de dioxyde de carbone et d'eau, en provoquant des mouvements de réorganisation des atomes de ces deux molécules, ce qui aboutit finalement à la création de glucose (qui est du sucre). L'hypothèse est la suivante : les photons sont des boules chaudes. Ils pénètrent le chloroplaste, et communiquent leur vitesse aux atomes des molécules de dioxyde de carbone et d'eau, qui sont dans des conditions adéquates pour se réorganiser, au cours d'un cycle de transformations complexes, pour devenir de l'oxygène et du glucose.

En fait, donner du mouvement à des objets est quelque chose de mécanique. Mais lorsqu'on s'approche des molécules et des atomes, la gravitation n'est plus première. Ce qui régit l'infiniment petit sont en premier lieu les forces électriques.

Considérons le point suivant : le cycle de Krebs est décrit dans les ouvrages comme un ensemble de réactions, faisant intervenir une multitude de molécules. Ces molécules sont, à l'échelle de l'atome, toutes chargées (chaque zone des molécules est plus ou moins chargée positivement, ou négativement). Dès lors que deux molécules s'approchent l'une de l'autre, les positions des atomes les uns par rapport aux autres peuvent être modifiées. Le changement induit par la rencontre entre deux édifices chargés peut même induire la formation d'une nouvelle molécule.

La chaine du cycle de Krebs semble régie par un ensemble de réactions chimiques, donc des réorganisations moléculaires. Puisque les charges interviennent tout le temps, on peut probablement voir le cycle de Krebs comme un long processus de modifications des positions des atomes dans les molécules, impliquant des mouvements complexes d'attractions et de répulsions électriques entre les molécules impliquées.

Sur la même lancée, il est possible que le photon agisse aussi sur le chloroplaste directement par interaction électrique. En effet, deux photons peuvent se transformer brièvement en un électron et un positron, qui sont des particules chargées. Nous pouvons donc faire l'hypothèse que le photon interviendrait directement sur les édifices moléculaires par dématérialisation, i.e., par des interactions électrostatiques entre le positron (et l'électron) et la molécule impliquée dans la réaction physique considérée.

Différence entre la physique et la biologie

Prenez un oeuf de poule, dont la structure interne et externe est parfaitement bien définie. Faites-le tomber par terre. Alors, il va se casser. Le désordre causé dans cette structure va être très important. Et qui plus est, vous aurez beau essayer, vous n'allez bien sûr jamais pouvoir revenir en arrière. Ce que vous venez de faire est irréversible. On dit que l'entropie, une grandeur qualifiant le désordre, augmente.

Maintenant, à l'aide d'un aspirateur, ramassez tout l'oeuf que vous venez de faire tomber. Faites-le sécher, et mélangez-le aux aliments d'une poule. En étant patient, votre poule pondra des oeufs. Ce qui est capital de remarquer, est que la poule a permis de créer une structure complexe, très structurée et organisée.

C'est la même chose pour une femme qui attend un bébé : elle mange du pain, de la salade, du poisson, etc., et 9 mois plus tard, un enfant née : c'est quelqu'un qui est hyper-organisé, hypercomplexe, hyper-structuré, comme tout être humain !

Il semble que l'entropie ne va pas forcément vers le désordre maximum. L'exemple du bébé prouve qu'un organisme vivant est capable de générer l'ordre maximum !

Et s'il existait une telle différence entre la physique et la biologie ?
La physique générerait le désordre, et la biologie, l'ordre. Une différence entre physique et biologie serait alors d'ordre entropique.

Le suicide

Par définition, on dit qu'une personne se suicide si cette personne cause elle-même sa propre mort.

Les phases du suicide

Dans les livres, on en dénombre généralement 3. Il y a d'abord l'idéation suicidaire (on pense au suicide), la tentative de suicide (on essaie de se tuer). L'histoire se termine par la mort, ou bien par la vie qui continue si la tentative de suicide a échoué.

J'en dénombre 4. La première est l'idéation suicidaire : la personne pense au suicide. A partir du moment où cette personne pense au suicide, elle peut être amenée à prendre la décision d'essayer de se tuer. Supposons qu'elle choisisse de prendre des médicaments. A partir du moment où elle prend ces médicaments, la mort, qui était une simple idée, une simple pensée, devient une réalité, quelque chose qui va inévitablement arriver.

A ce moment, la personne peut vouloir faire marche arrière. C'est le début de la 3ème phase du suicide : une phase qui commence par la prise de conscience que la mort va vraiment arriver : ce n'est plus une vague idée, c'est quelque chose qui va vraiment arriver, c'est une réalité. Alors cette personne peut vouloir faire marche arrière, et vouloir être sauvée. La 4ème phase, c'est soit la mort, soit la vie.

Comment ne surtout pas se suicider

Faisons une petite expérience de pensée. Supposons qu'une personne veuille se donner la mort. Supposons qu'elle ait la mauvaise idée de sauter d'un immeuble de 50 étages. Supposons qu'elle se décide à sauter, et saute. La mort, qui était une une vague idée, va arriver. Elle est là, elle l'attend de façon certaine. Cette personne pourrait très bien entrer dans la troisième phase du suicide : elle prend conscience que la mort va arriver de façon certaine. Alors elle peut avoir des regrets. Elle peut vouloir finalement continuer à vivre. Vous comprenez alors la problématique : le retour en arrière est impossible. Elle voulait mourir. Mais elle veut vivre désormais. Mais elle ne peut plus rien faire, car sa chute est inévitable. Ces quelques secondes risquent d'être les pires de sa vie : quoi de pire en effet de devoir mourir alors qu'elle voudrait finalement vivre ?

« Comment se suicider »

Je suis médecin. Mon rôle (qui est d'ailleurs aussi mon humble avis) est de vous dire qu'il y a d'autres solutions nettement plus avantageuses : antidépresseur, anxiolytique, psychothérapie, amies, sport, etc. Bien sûr, en cas d'apparition de la moindre idée suicidaire, il faut absolument en parler, et aller voir un spécialiste. Quand on est adolescent, la moindre déception sentimentale peut amener, parfois, à l'apparition de ce genre d'idées. Pourtant, en voyant l'expérience des adultes, on voit clairement qu'une déception amoureuse est remplacée par une autre histoire amoureuse, et le problème est souvent réglé. La difficulté vient simplement du fait que, un adolescent qui se retrouverait dans cette situation pour la première fois, verrait probablement sa vie à travers des émotions très négatives (tristesse, déception, regrets, etc.). Il verrait donc sa vie à travers un filtre assez sombre, un filtre négatif, ce qui se traduirait par une idée très péjorative qu'il se ferait de son futur, qu'il ne verrait d'ailleurs peut-être tout simplement plus. A moins d'écouter les anecdotes des adultes, qui sont parfois très loin d'être cohérents ou censés, il faut en avoir fait l'expérience au moins une fois pour s'en rendre compte.

Mais si vous ne pouvez vraiment pas vous empêcher de tenter de vous suicider, surtout, il faut choisir une méthode qui offre une totale réversibilité. Autrement dit, une fois entré dans la phase 3, il faut que vous puissiez choisir de vivre et rester vivant de façon certaine, si vous décidez finalement de rester vivant.

Pourquoi se suicide-t-on ?

Le contraire du bonheur, c'est le désespoir. Quand on est heureux, c'est à dire quand on éprouve un sentiment de joie, de plaisir sensuel ou sexuel, ou de plénitude, on ne pense pas au suicide, comme vous l'avez sûrement remarqué. Pour formaliser les choses grâce aux connecteurs logiques, on a donc :

bonheur ==> on ne pense pas au suicide

Par simple contraposition, on a donc :

on veut se suicider ==> on est malheureux

Quand on débute en logique, on confond souvent une relation d'implication (qui est utilisée dans le mode de raisonnement de type modus ponens), avec une relation temporelle. « On veut se suicider => on est malheureux » ne signifie pas qu'on veut se suicider, et que l'on donc malheureux après s'être suicidé. Cette conception impliquerait que la mort serait pire que la vie, ce qui n'est pas sûr, loin s'en faut. Cela veut simplement dire que si l'on veut se suicider, alors c'est qu'on est malheureux. En effet, le désespoir peut engendrer des idées suicidaires.

Mais la réciproque est fausse. Ce n'est pas parce qu'on est malheureux qu'on veut nécessairement se suicider.

Le suicide est un fait purement psychologique et mathématique

Quand j'étais en première année de médecine, mon professeur de sociologie nous a parlé du suicide. Si mes souvenirs sont bons, il nous aurait dit que Durkheim, un sociologue, aurait démontré que le suicide serait un fait social.
Ce sociologue aurait en effet constaté que chaque année, le taux de suicide par profession est sensiblement constant.
Voilà mon hypothèse : Le suicide est un fait psychologique, dont la constance par profession a une cause mathématique. Supposons qu'il existe un ensemble de déterminants du suicide, en nombre fini. Autrement dit, s'il existe chez un individu un certain nombre de ces déterminants, l'individu pense plus facilement au suicide. Nous sommes plus de 60 millions de Français. On peut supposer que ces déterminants, en nombre fini, sont répartis de façon homogène par profession chez l'ensemble des Français.
Comme nous sommes très nombreux, et à peu près pareils (ce qui me rend malheureux vous rendra probablement aussi malheureux), les déterminants psychologiques du suicide et leur conséquence (le suicide), sont statistiquement, et équitablement répartis sur l'ensemble de la population et des métiers, et provoquent un nombre de suicides constant au cours du temps.

Un jeu de dé

Pour mieux comprendre la situation, faisons une expérience mathématique. Prenons un dé à 6 faces. Si je lance une fois mon dé, sur quoi va-t-il tomber ? On n'en sait absolument rien. Peut-être sur 1, peut-être sur 5. Mais si je le lance 6000 fois, et bien il y aura une certaine constance dans les résultats : le nombre de 1 s'approchera de 16,6 % (100/6 ≈ 16.6) avec une forte probabilité, il en est de même pour les autres faces du dé.

Donc, le résultat de 1 lancé est tout à fait aléatoire. Par contre, le résultat d'un très grand nombre de lancés est prévisible, et on y observe une certaine constance.

Analogie entre le suicide et le jeu de dé

Si l'on prend un individu quelconque, il est très difficile sinon impossible de savoir s'il va se suicider ou pas. C'est comme un dé à 6 faces. Quand on le lance, quel nombre va-t-on obtenir ? Nous ne pouvons pas savoir si nous allons obtenir 1, 2,… ou 6. Il s'agit d'un fait purement psychologique.
Par contre, sur 60 millions de Français, les déterminants psychologiques du suicide sont présents de façon aléatoire, mais de façon homogène (nous sommes très nombreux, et tous humains, donc tous à peu près pareil). La constance par métier est donc une conséquence d'origine statistique, et non pas social.

Les regrets

Qu'est-ce qu'un regret ?

Le regret, c'est deux choses. A la fois un concept : j'en parle et peux donc en parler. Mais c'est avant tout un sentiment. Le sentiment de regret.

Ce sentiment apparaît quand les conséquences d'une action que l'on a commise nous sont défavorables :

Si je me dis quelque chose comme : « Je regrette de lui avoir dit ça », sous entendu, je lui ai dit quelque chose. Cette chose a eu une ou une série de conséquences péjoratives. Donc j'éprouve un sentiment de regret.

Si je me dis quelque chose comme : « C'est ma faute si elle s'est blessée », cela implique que j'ai fait ou je n'ai pas fait quelque chose de précis. Résultat, elle s'est blessée ; et j'éprouve donc un sentiment de regret.

Comment juger une action ?

J'affirme qu'il y a trois façons de juger une action. On peut juger l'intention avec laquelle on commet l'action. On peut juger la nature de l'action elle-même, et on peut enfin juger ses conséquences. Il m'est apparu que dans la vie de tous les jours, on a tendance à juger une action par ses conséquences.

Faisons une expérience de pensée. Plaçons-nous dans un hôtel. Supposons que je sois pompier, et que je sois appelé pour une alerte à la bombe. Je vais devant l'engin. Il y a deux fils, un rouge et un bleu. Je sais que si j'en coupe un, le détonateur s'arrêtera. Par contre, si je coupe l'autre, la minuterie va s'accélérer. Voilà mes choix : si je coupe le bon fil, je sauve les 100 personnes. Si je coupe le mauvais, seules 20 personnes pourront être sauvées. Si je ne fais rien, 80 personnes vont avoir le temps d'être saines et sauves. Supposons que je coupe le mauvais fil. Quand je sortirai du bâtiment, certains pourront me dire : « Par votre faute, vous avez tuer 80 personnes. Vous auriez dû ne rien faire ».

Je peux comprendre une telle réaction, mais me dire cela, c'est juger cet évènement par les conséquences de mon action.

Si l'on me juge par les intentions avec lesquelles j'ai oeuvré, on devrait bien me considérer : j'ai coupé ce fil pour sauver le plus de personnes. Il y avait un risque. J'ai choisi de le prendre.

Couper un fil n'est en soit ni bien, ni mal : cette situation se prête mal à illustrer la possibilité de juger la nature de l'action que l'on a commise.

Je suis de ceux qui pensent que la meilleure façon de juger une action est l'intention avec laquelle on l'a commise, et également la nature de cette action.

Comment moins regretter ?

Un regret est un sentiment que l'on éprouve lorsque les conséquences de son action sont péjoratives, pour soi ou pour les autres. Mais réfléchissons au regret comme si ce n'était qu'un concept. Il est stupide de se tourmenter à cause des conséquences de son action. En effet, si j'avais su que mon action aurait ces conséquences, je n'aurais pas pris cette décision. Quand je me suis dit cela la première fois, ça n'a pas fonctionné. Mais à force d'y penser, ce concept est devenu pour moi tout à fait naturel, une évidence. Je ne peux personnellement pas éviter l'explosion émotionnelle engendrée par les conséquences d'une situation qui tourne mal. Mais ce sentiment de regret disparaît maintenant très vite. Il persiste malgré tout un souvenir de l'évènement, c'est-à-dire des cognitions (ce sont les mots qui sont dans ma mémoire et qui peuvent apparaître à mon esprit). Mais ces mots ne sont plus associés à des émotions désagréables.

Choix et regrets

Définition d'un choix

A chaque moment de notre existence, à chaque seconde, on doit choisir d'emprunter tel ou tel chemin. Et les conséquences de nos décisions, présentes à chaque seconde déboucheront sur de nouvelles prises de décision.

Et si un regret apparaît ?

Si un regret apparaît, cela signifie que les conséquences de l'action que l'on a commise sont péjoratives. Mais au fait ? Le point où l'on se trouve est finalement une nouvelle source de choix. Et l'on choisira le chemin qui nous apparaît le plus pertinent. C'est ce que certains appellent rebondir.

Conclusion

En faisant des choix sans arrêt, leurs conséquences posent parfois problème. Ce qui est à l'origine de regrets.
Cependant, cela n'a pas de sens de se sentir mal de la sorte : si j'avais su que ces conséquences allaient survenir, je n'aurais pas fait ce choix.
Qu'importe ! Après la phase émotionnelle du regret résolue, rebondissons, et essayons de prendre le chemin le plus adapté.
D'autant que le passé ne peut physiquement pas être changé. Le futur, lui, n'existe pas encore. On ne peut que transformer le présent. C'est à dire construire un présent qui permettrait d'avoir un futur qui corresponde à celui que l'on désire.

Faire un choix consiste donc à transformer le présent, pour nous diriger vers le futur que l'on espère. Parfois, ce futur sera à peu près celui que l'on espérait. Parfois, ce ne sera pas le cas. A ce moment-là, il faudra transformer de nouveau le présent pour modifier la direction que prend la réalité, et tenter encore d'obtenir un futur correspondant à celui que l'on espère.

Pour ma part, je ne regarde plus le passé avec le même regard qu'auparavant. A quoi bon, puisqu'il ne peut pas physiquement être transformé ?

Le passé ne peut pas être transformé physiquement. Seul le présent importe, car seul le présent peut être transformé.

La liberté

Vous êtes peut-être de ceux qui pensent qu'être libre, c'est avant tout avoir des devoirs. Peut-on justifier cette définition ?

A un extrême, si je suis enchaîné dans une cellule, privé de sorties, je ne serai pas libre.

A l'autre extrême, on pourrait penser que, si je pouvais faire tout ce que je veux, alors je serais totalement libre. C'est faux, car selon le principe d'égalité, si j'ai le droit de tout faire, les autres aussi. Les autres auraient donc le droit de me tuer. Ce qui est absurde, puisque je n'ai même plus accès au droit le plus fondamental : le droit de vivre et d'exister.

Pour que je sois le plus libre possible, il faut donc que les autres aient des devoirs envers moi. Mais comme on est tous égaux, j'ai les mêmes devoirs qu'eux.

La conséquence, c'est que pour pour être le plus libre possible, il faut que j'ai des devoirs envers les autres.

Définir la liberté revient donc à faire un savant mélange, des compromis entre ma liberté, et celle des autres.

Tomber amoureux

Lorsque j'étais en seconde au lycée, j'ai eu un coup de foudre en rencontrant une fille lors d'une soirée. Quoique dans un seul sens, c'était un vrai coup de foudre. Je ne l'ai vu que quelques minutes, mais à mon retour chez moi, son image était présente à mon esprit. C'était un moment très agréable. Mais au fur et à mesure que les semaines passaient, devant une certaine constance de cet état, j'ai commencé à me poser des questions.

Qu'est-ce qu'il m'arrive ? Suis-je amoureux ? Bien sûr, la recherche d'une réponse m'a fait naturellement comparer cet état, avec ce genre d'états que j'avais éprouvés par le passé.

Les fois précédentes où j'étais amoureux, est-ce que je l'étais vraiment, étant donnée la situation présente ?

J'ai essayé dans un premier temps de regarder dans un dictionnaire, et je avouerais que je n'y ai pas trouvé de réponse, bien évidemment. Et à ce moment-là, je n'avais pas commencé la philosophie. Sans philosophie, on ne peut pas formaliser sa vie. Il n'en est pas forcément nécessaire, d'ailleurs. On peut très bien se contenter de vivre, sans faire de philosophie.

Quand on emploie l'expression « être amoureux », on emploie un mot, qui n'a aucun sens dans l'absolu. A moins d'en donner une définition.

Nous avons des définitions explicites, parfois, lorsqu'on en donne. Par exemple, en mathématiques, moyennant un système d'axiomes, nous pouvons parfaitement définir ce que l'on appelle un « cercle ». Mais très souvent, on emploie un mot sans l'avoir précisément défini. C'est à dire que l'on parle tous d'à peu près la même chose quand on emploie un mot, mais les contours, les frontières n'en sont pas forcément les mêmes.

Si l'on ne donne pas de définition explicite, on est quand même amené à réfléchir avec des mots. Je pars donc du principe qu'on a tous une certaine idée que l'on se fait à propos d'un mot, ce que j'appelle, si vous le voulez bien, une définition implicite. C'est le cas, tout le temps, quand on grandit, avant de philosopher, si toutefois on a besoin de le faire à un moment donné.

Examinons trois définitions implicites

La définition binaire

Dans ce schéma, je me dis : « ça y est, je suis amoureux ! » Ou bien : « Je ne suis pas amoureux ». Une conséquence, c'est que si l'on se définit comme « amoureux », on ne va pas prendre nécessairement les mêmes décisions que si l'on se dit « non amoureux », si toutefois on est amené à invoquer cette expression dans un raisonnement logique, et cela pour une même réalité émotionnelle.
Ainsi, pour une même réalité émotionnelle, l'utilisation de l'une de ces deux étiquettes plutôt que l'autre pourrait être à l'origine de deux comportements différents.
Ensuite, supposons qu'il y a un an, vous vous soyez dit «Amoureux». Aujourd'hui, vous rencontrez une autre fille, et vous vous dites également « Amoureux ». En théorie au moins, une question peut se poser : est-ce que vous étiez vraiment amoureux il y a un an ? Vous pouvez dire que vous ne l'étiez pas, si toutefois vous aviez implicitement adopté cette définition binaire. En effet, les émotions que vous avez ressenties il y a un an se sont progressivement estompées, si toutefois vous n'avez pas vu cette première personne (celle qui est apparue dans votre vie il y a un an). Alors que vos sentiments actuels viennent d'apparaître, donc leur « intensité » est bien plus importante que celle des sentiments liés à la première situation, sentiments que vous ressentez d'ailleurs peut-être toujours.

107

Ce schéma binaire peut être nettement amélioré, par un autre schéma, plus performant, et s'approchant plus de la réalité.

Les nuances de gris

Supposons que vous puissiez chiffrer l'intensité des sentiments que
vous éprouviez, de 0 (absence de sentiment) à 100 (le sentiment le
plus intense que vous puissiez éprouver). Bien entendu, ce chiffre
est là pour expliquer les nuances de gris : on ne donne jamais une
intensité aux sentiments que l'on éprouve. Cela ne sert strictement à
rien en réalité. Les sentiments et émotions s'éprouvent, se vivent,
c'est tout.
Même si c'est encore artificiel, il y a du mieux : On peut alors se
dire plus ou moins amoureux. A la place du choix entre les deux
étiquettes « amoureux » ou « pas amoureux », on peut dire que l'on
éprouve un sentiment particulier, plus ou moins intense.

Les émotions au pluriel

Supposons que je rencontre une première fille. Sa rencontre va provoquer chez moi la genèse d'émotions, qui sont de nature
différente : attirance, excitation, joie, etc. Il y aura aussi genèse de
pensées : des projets, des rêves, des fantasmes lui étant associés. Il y
aura aussi des comportements, qui peuvent être issus d'une décision
et d'un raisonnement, et aussi des comportements spontanés, qui
sont de loin les plus fréquents et les plus naturels. Quelques mois
plus tard, supposons que je rencontre une autre fille. C'est une personne totalement différente, qui provoque la genèse de pensées totalement différentes (fantasmes différents, projets différents, et aussi
sentiments de nature légèrement différents).
Il m'a semblé que dans chaque moment de ma vie, où j'ai vécu ces
instants, ces états étaient légèrement différents, tant dans les pensées, et le type d'émotions que j'ai pu éprouvées.

Même si l'on colle l'étiquette « Amoureux » sur chacun de ces états, ce sont des états légèrement différents que l'on vit.

Faut-il faire confiance aux étiquettes quand on est amoureux ?

Pour une même réalité émotionnelle, se dire « Amoureux », ou se dire « Non Amoureux » peut engendrer des comportements, des décisions différentes si l'on est amené à réfléchir et à utiliser la raison, et la logique, et l'étiquette que l'on estime adéquate : « Amoureux » ou « Non Amoureux ».
Alors il est sans doute préférable d'oublier les mots. Peut importe les mots que j'emploie pour qualifier mon état, l'important sont mes désirs, mes fantasmes, mes rêves. Ses rêves et désirs doivent l'emporter sur la raison, autant que possible. C'est vrai que parfois, il est sans doute préférable de suivre sa raison. Par exemple, si l'on me demande si je souhaite habiter à Paris ou au Pôle Nord, un raisonnement logique très simple me fera choisir Paris.
Pour revenir à l'état dans lequel on se trouve quand on est amoureux, on peut utiliser un mot, une étiquette : « être amoureux ».
Mais cette étiquette est grossière, dans le sens où l'on pourrait être bien plus précis, en décrivant l'infinité des combinaisons possibles des pensées, des émotions, et des comportements qui existent chez un individu.
Imaginez que quelqu'un vous dit : « Je t'aime ». Imaginez que vous répondiez : « C'est à dire ? Plus précisément, à quoi penses-tu ? Quels sont tes projets ? Quels sont tes fantasmes ? Quels sentiments éprouves-tu là, maintenant ? Que veux-tu faire là, maintenant ? ».
Bien sûr, on sera plus précis, mais qu'importe. Il n'est même pas nécessaire d'utiliser des mots.
Pour ma part, maintenant, je n'utilise les mots que lorsque j'ai besoin de réfléchir. Et je construits un petit édifice théorique adapté à la situation que je rencontre, ou que la personne qui est en face de moi rencontre, si toutefois il y avait nécessité de l'aider à résoudre un problème.

Encore faut-il en avoir besoin. On ne philosophe pas pour le plaisir de philosopher, mais parce qu'on en a besoin à un moment donné.

Construisons de toute pièce une relation

Imaginons de façon parfaitement théorique une relation entre deux personnes. Certains y verront un idéal, d'autres une construction artificielle et sans intérêt.

Dans cette relation théorique, lui et elle sont roi et reine de leur relation. Cela signifie qu'ils peuvent à tout moment la définir, et la redéfinir comme ils l'entendent. Ils peuvent tous les deux décider d'instaurer des règles (celles qu'ils veulent). Ils peuvent décider à tout moment d'abolir ces règles, pour faire en sorte qu'il n'y en ait plus. Ils décident du rôle qu'ils jouent à un moment donné. Ce rôle peut évoluer au cours du temps.

Bien sûr, cette construction est théorique. La relation se vit et se construit d'elle même. Elle ne se définit pas. Cette « définition » était simplement nécessaire pour définir un idéal possible. Ce n'est pas nécessaire. D'autant qu'il n'y a pas qu'un seul idéal, mais une infinité.

Continuons la construction de cet idéal

Dans le même ordre d'idée, ils peuvent décider que lui et elle seront parfaitement « équivalents » dans leur vie à deux : les deux peuvent gérer la réparation de la voiture, changer les ampoules, faire la cuisine, faire le ménage, etc. Ils peuvent bien sûr décider de faire tout (ou le plus de choses) à deux.

Ils peuvent à tout moment décider de revenir aux conceptions anciennes (historiques), dans lesquelles l'homme et la femme n'occupaient pas strictement la même place, et donc ne faisaient pas strictement les mêmes choses.

110

L'éducation sentimentale

Lorsque j'étais au collège, j'ai reçu, comme tout le monde, un cours de ce qui a été nommé « éducation sexuelle ».
En fait, quand je regarde ce que l'on nous a dit, il semblerait qu'il y ait eu en fait deux « cours ». Le premier, concerne la « mécanique sexuelle ». C'est à dire, pratiquement un cours de mécanique du solide, si j'ose dire. Il est nécessaire. Mais il n'est pas suffisant.

Le deuxième cours est un cours de médecine des maladies infectieuses, pouvant être contractées au cours d'un rapport sexuel. Ces maladies sont appelées les IST (infections sexuellement transmissibles). Ce cours est d'une nécessité absolue.

Il manque selon moi un troisième cours, en fait le plus fondamental de tous. Ce « cours » pourrait être intitulé « L'éducation sentimentale ».
Quand j'étais au collège, je n'étais malheureusement pas un grand lecteur de littérature française. Mes livres se limitaient à ceux proposés lors des cours de Français. J'ai par exemple lu « Le colonel Chabert » d'Honoré de Balzac, ou encore « Dix Petits Nègres » de Agatha Christie.

Mais si j'avais dû choisir moi-même mon propre programme, j'aurais plutôt choisi des livres comme « L'éducation sentimentale » de Gustave Flaubert, ou encore « Le rouge et le noir » de Stendhal. Il y en a d'autres, qui seraient tellement plus utiles dans notre vie.

Bien entendu, l'éducation sentimentale se fait depuis très jeune, par de multiples moyens : relations réelles, relations d'amitié au départ, chat sur Internet, cinéma, livres, etc.

Ainsi, l'éducation sentimentale n'a pas pour objet d'être un
« cours ». Si c'était le cas, il faudrait que ce cours commence dès le
plus jeune âge, et ne se termine jamais.

En théorie, supposons qu'une personne se limite aux cours de bio-
logies et de mécaniques qu'il a reçus. Espérons que cela n'arrive
que rarement. Cette personne, si elle ne prend pas suffisamment de
recul, peut avoir une conception très mécanique d'une relation
sexuelle.

Mais en réalité, l'aspect mécanique est entouré d'un ensemble
d'émotions, d'une histoire singulière, de deux personnalités qui se
rencontrent, etc. Bref, on pourrait dire qu'en avoir une conception
très mécanique ne reflète que très peu la réalité de l'instant. La mécanique est ce qui se passe quand on regarde ce qui semble s'y passer alors que l'on n'en est que spectateur. Mais regarder ce qui
semble s'y passer est totalement différent que de le vivre.

Sans vouloir paraître insultant (je ne le suis pas), je trouve que les
films X offrent le même type de description que celles qui ont été
esquissées en cours d'éducation sexuelle de collège. Ils offrent des
« cours » de « mécanique ». Pour faire un peu de dérision, j'ai été
obligé de faire de la physique, pour de toutes autres raisons, vous
l'imaginez bien. J'estime donc qu'il est peu pertinent pour moi de
suivre des cours de mécaniques du solide à la télévision.

Hétérosexualité

Je suis souvent très amusé quand je participe à des conversations où sont évoqués l'hétérosexualité et l'homosexualité. Examinons ces deux concepts.

L'homosexualité n'est pas une maladie : « avantages » et « inconvénients »

Dans le DSM 5, l' « homosexualité » n'est pas définie comme étant une paraphilie, et encore moins comme un quelconque Trouble psychique.

C'est heureux que ce ne soit pas le cas. Car dans le cas contraire, les homosexuels masculins ou féminins seraient considérés, par pure convention, comme étant atteints d'une pathologie psychiatrique.

Si ce concept était défini comme étant une « pathologie », cela induirait de très graves conséquences psychologiques chez ceux qui seraient concerné(e)s par un tel « diagnostic ». Celui ou celle qui serait étiqueté(e) de la sorte pourrait se sentir de plus en plus mal, au point d'arriver, au pire, à un suicide.

La décision qu'une situation quelconque est un « Trouble » est parfaitement conventionnelle. Pour en donner un argument philosophique, un « Trouble anxieux » par exemple est une expression, une étiquette, un concept, n'ayant en lui même aucune existence. C'est parce que l'on définit un tel concept que ce concept a une existence, et un sens.

Mais la définition d'une nouvelle « maladie » n'est pas sans conséquence. La connaissance de l'existence d'une « maladie » quelconque chez l'entourage d'un patient va induire une série de conséquences. Ce patient sera perçu comme étant « malade » par son entourage, étiquette ayant une connotation fortement péjorative pour beaucoup de personnes. L'idée de « maladie » que se fait l'en-

tourage va induire tout naturellement une série de pensées, d'émotions, et de comportements, plus ou moins adaptés, et plus ou moins inconscients. La genèse de telles pensées, émotions, et comportements, va induire une modification des relations entre le patient en question, et le reste de sa famille. Ces modifications de ces relations humaines peuvent être bien vécues, mais aussi mal vécues.
D'autant que, d'un point de vue philosophique, une « maladie » est un mot, une étiquette, qui n'a pas d'existence dans l'absolu. Dans l'absolu, penser que des comportements entre des personnes puissent être naturellement modifiés, en raison de la considération d'un concept, est quelque peu remarquable.

Il y aurait un seul « avantage » à faire de l' « homosexualité » un Trouble psychique. Mais disons-le dès maintenant, il y a infiniment plus de désavantages à le faire.

Si l' « homosexualité » était un Trouble, les neuroscientifiques et les psychiatres seraient obligés d'en trouver des critères diagnostics.

Prenons l'exemple de l'étiquette « dépression ». Pour la population générale, ce concept n'a aucune définition précise. Donc tout le monde en a une certaine idée. Chacun en a une définition implicite. Donc, devant une situation quelconque, un individu non initié pourrait dire quelque chose comme : « Le pauvre, il déprime », alors que le diagnostic d'épisode dépressif majeur ne serait peut-être même pas porté par un psychiatre, qui est le spécialiste de ce domaine. Inversement, en présence du diagnostic « Episode dépressif majeur » porté par un spécialiste de la question, c'est à dire un psychiatre, la famille du patient pourrait ne pas comprendre du tout le sens et surtout les implications d'un tel diagnostic. Certains pourraient avoir des réactions comme : « Il déprime… Tu parles, il ne va pas mourrir que je sache ! », ou encore : « Il déprime… C'est dans sa tête tout ça. Il n'a qu'à vouloir aller mieux, c'est tout ! ».

Il en va de même du concept d' « homosexualité ». En plus de ne
vouloir rien dire en lui-même, chacun en a une définition, et même
des critères diagnostics plus ou moins explicites, qui lui sont
propres.

En outre, si une personne qui n'a jamais philosophé était perturbée
par ses émotions (de la colère ou de la haine par exemple), mais
aussi influencée par ses propres conceptions, elle pourrait poser un
tel « diagnostic ». La personne qui ferait un tel « diagnostic » pourrait penser que ce qu'elle dit est vraiment la réalité, mais cette personne pourrait aussi mentir, par pure méchanceté par exemple. Mais
la réalité est beaucoup plus complexe. Le comportement d'une personne à un moment précis est la conséquence d'un mélange consi-
dérable de « choses ». Ces « choses » peuvent être des émotions:
joie, attirance, colère, haine, etc. Il peut s'agir de qualités: personne
gentille ou méchante, personne optimiste ou pessimiste, personne
pragmatique ou non. Il peut s'agir de certaines pensées: un désir de
vengeance, les certitudes qu'une personne peut avoir, la possibilité
qu'a une personne de se remettre en question (ou non), son degré de
moralité, etc.

A part cet « avantage », très limité, il y a vraiment beaucoup plus
d'inconvénients à définir ce concept comme étant un Trouble (c'est
à dire une « pathologie »). L' « hétérosexualité » et l' « homosexualité » ne sont donc pas deux maladies, et ne doivent pas devenir
deux maladies. Ce sont, et doivent rester deux qualificatifs n'ayant
ni connotation laudative, ni connotation péjorative, mais deux états
parfaitement neutres.

Faisons une expérience de pensée, totalement imaginée : je ne suis
jamais tombé sur une telle situation, même si rien n'interdit son
existence.

Situation : Prenons des lettres pour qualifier les noms des deux protagonistes : X est la fille, et Y le garçon.

X et Y vivent une relation très palpitante. Un jour, X décide de soumettre Y pour jouer, ce qui leur plait assez à tous les deux. Dans ce jeu de rôle, X met Y dans une situation particulière (situation qui implique une troisième personne). Cette scène est prise en photo par une autre personne qui avait un smartphone à ce moment-là, et cette photo est mise sur Facebook. Bien sûr, Y a « accepté » cette situation, car il a éprouvé à ce moment-là un certain nombre d'émotions à l'égard de X, mais uniquement à l'égard de X. Il est donc clair que Y est hétérosexuel, et est amoureux de X.
En regardant sur Facebook, cette photo prise par un smartphone est découverte par l'ensemble du lycée où sont X et Y.
La conclusion pour tout le monde paraît claire : Y est homosexuel. Pourtant, c'est le contraire qui est vrai, ce qui sera sans doute très difficile à prouver étant donnée la photo. Mais surtout, convaincre les autres sera probablement très difficile, indépendamment des nouveaux événements qui pourraient apparaître à l'avenir.

Vous voyez que la réalité est autrement plus complexe que la simplification que certains auraient tendance à en faire. Une réalité tellement complexe qu'elle mérite d'être étudiée précisément.

Existence du concept d' « Homosexualité » et d' « hétérosexualité »

« Homosexualité » et « Hétérosexualité » sont deux mots, deux étiquettes, qui n'ont pas de sens, sinon celui qu'on veut bien leur attribuer.
Regardons de plus près la réalité.

Examinons d'abord le concept de plaisir

Les neurosciences nous apprennent qu'il y a des nerfs un peu partout, au point que n'importe quelle femme peut éprouver du plaisir avec un homme ou avec une femme, dans l'absolu, et d'un point de vu purement théorique. Il est clair qu'une femme ne voulant pas avoir d'aventure quelconque avec une autre femme, ne le fera pas. C'est une évidence.

Concernant un homme, il semblerait que ce soit aussi vrai. De façon parfaitement théorique, des situations lui provoquant du plaisir pourraient a priori naître d'une situation mettant en jeu un homme, ou une femme. Bien entendu, un homme qui ne désire pas avoir d'aventure avec un autre homme ne le fera pas, c'est évident.

Donc ces deux concepts ne peuvent pas être définis de cette façon.

Concept de conditionnement de type pavlovien

Une expérience que l'on pourrait faire est la suivante. On présente à petit chien de la nourriture. A chaque fois qu'on lui présente de la nourriture, on allume une lumière jaune. Bien sûr, le petit chien associe « inconsciemment » les deux stimuli : la lumière jaune et la nourriture. A tel point qu'à chaque fois que le petit chien verra de la lumière jaune, il montrera des signes qui signent qu'il attend sa nourriture, qui devrait « normalement » arriver en même temps que la lumière.

Pour les humains, je préfère parler d'associations, entre des « éléments ». Cela peut être une association entre une émotion que vous ressentez et une fille que vous venez de rencontrer, ou une association entre un sentiment de joie que vous éprouvez et un film drôle que vous venez de regarder.
Par exemple, si vous allez à une fête avec vos ami(e)s et que vous passez un bon moment, en parlant et en riant avec eux(elles) par exemple, vous passerez peut-être un très bon moment, et vous associerez probablement le contexte dans lequel vous étiez avec la joie que vous avez ressentie.

Donc, vous voudrez probablement vous retrouver dans les mêmes circonstances, pour essayer de revivre les mêmes émotions de joie que vous avez vécues. Il est absolument normal de vouloir être heureux, quand vous avez déjà été heureux dans des circonstances que vous avez associées au sentiment de bonheur que vous avez ressenti.

Pourquoi je parle du concept d'association ?

Cette réflexion est théorique. Il s'agit d'une expérience de pensée, inventée, bien que rien n'exclue l'existence possible d'une telle situation.
Imaginez que vous soyez un jeune adolescent. Imaginez que vous soyez en vacances dans un grand hôtel, où il y a possibilité de bénéficier de massages. Beaucoup de grands hôtels offrent la possibilité de bénéficier de massages du dos par exemple.
Imaginez que vous bénéficiez d'un massage du dos, fait par un masseur homme. Il semble n'y avoir rien de choquant à cela, a priori.
Mais imaginez que vous réitériez ce genre d'expériences de nombreuses fois, et que d'autres personnes le sachent.
Bien sûr, ces personnes, qui sont loins d'être des spécialistes de la question ou des philosophes, auront peut-être tendance à vous inviter à prendre conscience que vous préférez peut-être les garçons.

En outre, si vous êtes jeunes, vous risquez de vous faire influencer par de tels propos, arguments, sous-entendus, et finir par croire que les autres ont peut-être raison, après tout.
Supposons que vous finissiez par le croire. Cette simple idée que vous vous finissez par vous faire de vous-même peut même induire chez vous la genèse de certains comportements.
De tels comportements pourraient probablement induire en vous des sentiments, des émotions et des sensations qui vous pousseront probablement à reproduire de tels comportements dès que possible.
Donc, ayez-en conscience, et surtout, faites de la philosophie, et ne vous laissez en aucun cas influencer par ce que disent ou pensent

les autres. Vous devez prendre leurs arguments en considération, mais tout en en ayant un regard très critique, et constater par vous-même quelle est la réalité.

Pour ma part, je considère que le moins important est ce que les gens disent. Car ce qu'ils disent, ils ne le pensent pas forcément. Ce qu'ils pensent est bien plus important. Mais ce qu'ils disent ou pensent, ils ne le ressentent pas forcément. Ce qu'ils ressentent a beaucoup plus d'importance que ce à quoi ils pensent. Mais ce qu'ils ressentent ne correspond pas nécessairement à la réalité. Seule la réalité est importante. Il faut la déterminer autant que faire se peut. Vous pouvez vous aider des arguments des autres. Mais il ne faut en aucun cas être perturbé par ce que les autres pensent, et encore moins par ce qu'ils disent. Seule la réalité importe. Et vous seul(e) connaissez la réalité à votre sujet.

Conclusion

« Hétérosexualité » et « Homosexualité » ne veulent rien dire en eux-même, car ces deux mots, comme tous les mots, n'existent pas en dehors de la définition qu'on leur donne. De telles définitions sont d'ailleurs parfaitement arbitraires.
Par contre, ce qui existe et ce qui est certain, c'est vous. Vous existez, c'est sûr ! Mais ce qui est réel également, c'est ce que vous ressentez, ce que vous désirez, ce que vous avez envie de faire, et ce que vous voulez faire.

Pour ma part, je n'utiliserai pas ces deux concepts, qui, en plus de ne vouloir rien dire, peuvent provoquer la genèse chez vous comme chez les autres, de pensées, comportements, et émotions particulières, en fonction de l'étiquette que vous utilisez pour décrire une situation.
Seule la réalité doit dicter nos choix, et non les « étiquettes » utilisées pour tenter de la qualifier.

Une seule question, donc : Qu'est-ce que vous avez envie de faire ?
Avec qui désirez-vous vivre une aventure ?

Les mots n'ont pas d'existence en dehors des humains, qui ont
d'ailleurs inventé tous les mots. Mais les émotions que vous ressentez maintenant, ce que vous éprouvez et ce que vous désirez ici et
maintenant existent, et cela indépendamment des étiquettes qu'on
peut bien utiliser pour qualifier la situation que vous êtes en train
de vivre.

Pour ma part, je n'écoute que mes émotions, et mes désirs.
J'ai abandonné les mots depuis bien longtemps.

L'écologie de la planète Terre

Depuis déjà quelques temps, des scientifiques nous ont informé d'un probable réchauffement climatique et de ses conséquences, ce qui amène à nous interroger sur la santé de la Planète.

Bilan écologique de la planète

La Terre nous offre des ressources. Si nous lui prenons plus qu'elle n'a à nous offrir, il semblerait qu'il pourrait y avoir un moment où elle n'aurait plus de quoi nous donner.
Pour ne pas que cela arrive, une idée comme une autre est d'utiliser moins que ce qu'elle nous donne. Donc, utiliser au maximum ce qu'on a déjà consommé, en recyclant le plus possible, par exemple. En théorie, un tel procédé est tout à fait possible. Il suffit d'utiliser une idée, simple et puissante, que nous a légué Anaxagore, un philosophe grec du Ve siècle av. J.-C. Selon lui, « Rien ne naît ni ne périt, mais des choses déjà existantes se combinent, puis se séparent de nouveau ». Cette idée a été redécouverte par Antoine Laurent Lavoisier, un chimiste français du XVIIIe siècle. Celui-ci a énoncé que : « Rien ne se perd, rien ne se créée, tout se transforme ». Par exemple, s'il y a au départ 3 atomes d'oxygène, et bien, quelle que soit la substance qui est produite, il y aura à l'arrivée 3 atomes d'oxygène.
Cela m'amène à utiliser un procédé que j'ai vu utilisé en médecine du travail. Par exemple, dans beaucoup de garages automobiles, lorsqu'un mécanicien répare une voiture à l'intérieur d'un garage, et qu'il n'y a que peu d'aération, l'idée est de mettre un tuyau au niveau du pot d'échappement de la voiture pour que les gaz toxiques soient dégagés à l'extérieur.

Et si un tel procédé pouvait être utilisé pour une voiture qui roule ? Supposons que nous puissions construire un dispositif qui amène tout le gaz d'échappement dans une petite machine, qui s'occuperait de recréer des composants élémentaires : de l'oxygène, de l'azote, de l'hydrogène, de l'eau, des nanotubes de carbone (il s'agit de l'un des moyens d'utiliser le carbone). Et si un tel dispositif était possible pour les cheminées de certaines usines les plus polluantes ? Un tel dispositif permettrait de transformer tous les gaz toxiques et très dangereux provenant de ces cheminées en molécules nécessaires à notre vie (l'oxygène par exemple).

En théorie, si toute la pollution était traitée « à la source », et bien il n'y aurait tout simplement plus de pollution, et on pourrait recréer des composés dont nous avons besoin. En théorie, à partir de composés initiaux dont nous avons besoin pour faire fonctionner une machine, il est licite de penser que nous pourrions reconstruire d'autres composés dont nous avons besoin : de l'oxygène, de l'azote, de l'hydrogène, de l'eau.

Vous vous demandez probablement pourquoi je ne m'engage pas dans un tel projet, quitte à déposer des brevets ?

Si vous vous posez une telle question, rappelez-vous ce que m'a appris, ou fait prendre conscience André Comte-Sponville. Il m'a donné sa définition de la philosophie, une pratique discursive qui a la vie pour objet, la vérité pour norme, et le bonheur pour but.

J'ai adopté cette définition, et je n'en changerai pas.

D'ailleurs, j'ai récemment commencé à relire mon tout premier livre de philosophie : « L'amour, la Solitude », d'André Comte-Sponville, et je viens de me rendre compte qu'il tient sa définition d'Épicure lui-même.

Qui plus est, j'ai commencé à philosopher en lisant André Comte-Sponville. Le type de philosophie qu'il fait, et que j'ai essayée d'imiter à mes débuts, me permet maintenant d'avoir construit une philosophie qui permet de rendre proche ma vie, et ma philosophie.

Donc, le but de la philosophie, je l'ai aussi adopté pour ma vie :
c'est d'être heureux, ou plutôt essayer d'être le plus heureux possible.

Pour moi, il n'y a guère de différence entre ma philosophie et ma
vie. Grâce à la philosophie, je réfléchis à ma vie. Elle m'a aidé dans
le passé à résoudre bien des difficultés. Donc, si je m'engageais
dans un projet titanesque, comme celui d' « inventer » une machine
telle que j'ai pue l'imaginer précédemment, je serais peut-être riche.
Et après ?

Il s'avère qu'être riche n'implique pas nécessairement d'être heureux.

On peut être riche et heureux, riche et malheureux, beaucoup moins
riche et malheureux, et aussi beaucoup moins riche et heureux.
Je conçois qu'être riche offre de nombreux avantages. Si la richesse
impliquait le bonheur à coup sûr, j'essayerais bien évidemment
d'être riche le plus vite possible, pour pouvoir être heureux. Mais il
n'en est rien.

Penser l'humanité

Quelqu'un pourrait se dire quelque chose comme : « L'espèce humaine disparaîtra de toute façon à un certain moment. Donc, vivons
au-delà des moyens de notre planète, et continuons à vivre en
consommant énormément de ressources ».
Si je me disais une telle chose, je commettrais une erreur : j'ai
conscience de notre humanité présente. J'ai aussi conscience de
l'humanité passée (ne serait-ce que par mes quelques connaissances
en Histoire). Mais après nous, qui y aura-t-il sur Terre ? Nos enfants, nos petits enfants, et l'ensemble des individus qui n'existent
pas encore. Mais l'humanité se conjugue-t-elle au futur ?
Peut-on se penser au futur ? Doit-on se penser au futur ? Je pense
que nous devons tous se poser la question, dès maintenant.

Si je commence à me penser au futur, il se pose naturellement la question du sens que j'attribue à l'humanité, autrement dit de l'objectif que je nous donne pour l'humanité.
Car si mon but personnel est d'être heureux, quel pourrait être le but de l'humanité elle-même ?

C'est une question qui n'a pas de réponse unique, car mon objectif est le but que je me suis fixé, donc l'objectif que j'ai dans ma vie. Il n'y a pas qu'un seul objectif. Vous devez choisir vous-même votre objectif, c'est-à-dire la direction que vous voulez emprunter dans votre vie.
Concernant l'humanité, je vous propose la mienne, que vous n'aimerez peut-être pas. J'aime l'humanité. Je veux donc que nous soyons sur Terre le plus longtemps possible. Mon but est d'être heureux. Donc, si tout le monde avait ce but, ce qui n'est pas le cas en réalité, il faudrait se donner les conditions pour être le plus heureux possible, le plus longtemps possible.
Donc mon but, ce serait que l'espèce humaine soit sur Terre le plus longtemps possible, tout en faisant en sorte de permettre à tous ceux qui le souhaitent d'être le plus heureux possible, le plus longtemps possible.

La mort

Pour ma part, je n'ai plus peur de la mort depuis un moment déjà. Le raisonnement que j'ai fait depuis peu, et qui pourrait vous aider, est le suivant. Plutôt que d'expliquer le raisonnement, il sera bien plus simple d'imaginer un petit dialogue entre vous et moi.

Moi : - Vous et moi, vous diriez que l'on est vivant, n'est-ce pas ?

Vous : - Bien sûr, nous sommes tous les deux vivants ! D'ailleurs, sinon, nous ne pourrions pas nous parler.

Moi : - Très bien. Vous me dites que nous sommes « vivants ». Mais pourriez-vous me dire ce qu'est la vie ? C'est à dire la définir précisément ?

Vous : Euh… Non, je ne sais pas précisément définir cet état.

Moi : - Très bien. A vrai dire moi non plus, je ne sais pas du tout ce qu'est précisément la vie. Je ne peux pas la définir. Mais au fait, savez-vous ce qu'est la mort ?

Vous : - Non plus, je n'en ai aucune idée.

Moi : - Et bien, en fait, moi non plus. Mais au fait, la « mort » serait peut-être quelque chose qui ressemble à la « vie », cela n'est pas envisageable ?

Vous : - Bien sûr, je n'en ai aucune idée. Alors oui, c'est vrai, la « mort » est peut-être quelque chose qui ressemble à la « vie ». C'est concevable. D'ailleurs, certaines religions envisagent l'existence de ce qu'elles appellent « enfer », ou « paradis ».

Moi : - Donc, dans l'absolu, si la « mort » ressemble à la « vie », on est peut-être mort, qui sait ?

Vous : - Mais enfin, je suis vivant ! Vous n'avez qu'à me regarder pour vous en convaincre !

Moi : - Moi aussi, mais l'état dans lequel nous sommes en ce moment, et que nous appelons « vie », pourrait très bien ressembler à ce que nous appelons « mort ».

Vous : - Alors comment savoir ?

Moi : - C'est une absurdité de se poser une telle question. Puisque de toute façon, quel que soit l'état dans lequel nous nous trouvons, nous appelons cet état « vie », par définition. Le problème est donc réglé. Nous sommes donc vivant, par définition. Après tout qu'importe le mot que vous utilisez pour qualifier notre état. Appelez-le « vie », « mort », ou inventez un autre mot, cela n'est pas très important.

En fait, se demander dans quel état je me trouve n'a pour moi aucun intérêt. En effet, en plus de ne pas pouvoir le déterminer, le mot seul de « vie », comme tous les mots, n'a pas de sens en lui-même. Cependant, certains sont obsédés par ce genre de question.

Pour ma part, mon but est d'être heureux. Quand on recherche le bonheur, et quand on est heureux, à quoi pourrait bien nous servir de nous poser une telle question ? A rien, à moins bien sûr que l'on ait peur de la mort. Dans ce cas-là, il faut mieux y réfléchir, et s'y préparer. Car après tout, cette étape sera une obligation pour tout le monde.

Mais une fois que l'on n'a plus peur de la mort, il n'est plus utile de se poser de telles questions. Comme le plus souvent en philosophie, formaliser un problème sert à résoudre une difficulté que l'on rencontre à un moment de sa vie à un moment précis.

Si l'on n'a plus peur de la mort, pourquoi perdre son temps à vouloir la formaliser ? Et pourquoi continuer à mener une telle réflexion ?

Au fait, quelles sont les raisons qui peuvent bien provoquer cette fameuse peur ?

Je vous en propose trois. Bien sûr, il y en a probablement d'autres. Peut-être même autant qu'il y a d'individus qui ont cette peur.

La peur de changer d'état

Nous avons convenu que l'état dans lequel nous sommes, nous l'appelons « vie ». L'état suivant, que nous allons tous connaître un jour, appelons-le « mort ».
Mais au fait, ce changement d'état provoque-t-il des pensées particulières ? Des émotions ou sensations particulières ? Je n'en ai aucune idée. En fait, parmi nous, les « vivants », personne ne le sait. Mais après tout, connaître une information n'a d'intérêt que si la connaissance de cette information permet de prendre une décision. Par exemple, savoir qu'en ce moment, un certain film passe au cinéma, me permet de décider si je vais aller le voir ou pas. J'ai donc un choix. Je peux certes choisir de voir ce film. Mais je peux aussi choisir de ne pas y aller, et de ne jamais le regarder de ma vie.
Mais pour la mort, c'est totalement différent. Certaines personnes peuvent, certes, choisir le moment où elles vont mourir, dans de très rares circonstances. Mais à par ce cas particulier, il n'y a pas de choix à faire. Nous ne pouvons pas choisir de rester vivant éternellement. Ce choix est impossible. Il n'y a donc pas de choix. C'est pourquoi certains philosophes parlent de finitude quand ils parlent de la mort.
Si l'on n'a pas la possibilité de faire ce choix, pourquoi y réfléchir comme si l'on avait plusieurs choix possibles ? Il n'y en a qu'un. Pourquoi se tourmenter par quelque chose qui va de toute façon arriver ? La seule chose qui change n'est pas la fin, mais le temps qu'il nous reste avant d'y arriver.

La peur de perdre la vie

Quand j'étais étudiant en médecine, il arrivait que certains des patients que je voyais chaque jour décédaient, à un moment donné. Ces patients décédaient car ils avaient des maladies très graves. J'ai été souvent surpris par le comportement de ces patients dans des circonstances bien particulières. En effet, lorsque la famille du patient entrait dans la chambre du patient, le patient fondait souvent en larmes.

Les patients qui vont bientôt mourir ne savent pas où ils se dirigent. Mais ils savent ce qu'ils ont dans leur vie, c'est à dire leurs ami(e)s, leur famille, leur enfants. Ils savent donc ce qu'ils n'auront peut-être plus.

Cependant, rien n'est certain à ce sujet. Une des hypothèses, tout à fait valable, est qu'ils retrouveront peut-être plus tard les êtres qu'ils aiment. Tout dépend de ce qu'est la mort.

De toute évidence, il est beaucoup plus facile de quitter la vie quand on est malheureux que quand on est heureux. Le désespoir n'est d'ailleurs pas une condition suffisante du suicide, mais c'en est une condition nécessaire.

La peur de ce qu'est l'état « mort »

Ce chapitre va être très court. Puisqu'aucun vivant ne sait ce qu'est la mort. Le problème est donc vite réglé. On ne sait pas ce qu'est la mort. Même si tout le monde le découvrira un jour, personne ne le sait maintenant.

Cependant la « mort » est un mot, qui n'a, dans l'absolu, aucun sens. D'ailleurs la « vie » non plus. Se demander ce qu'est la « mort », comme toute question concernant la signification absolue d'un mot, n'a aucun sens.

Que pourrait bien être la mort ?

Il y a beaucoup d'hypothèses possibles, c'est ce que vous appelez plus simplement croyances. La mort peut être « rien », c'est le néant. On peut supposer que ce serait comme une nuit sans rêve. On s'endort le soir, on se réveille le matin. Que s'est-il passé ? Rien.

La mort peut être ce que l'on qualifie de « paradis » et d' « enfer ». Bref, un autre monde. La mort serait alors une autre vie, ou d'un autre point de vue, la suite de la vie.

Cependant, personne ne peut à l'heure actuelle énoncer de certitudes concernant la nature de la mort. Donc tout ce que vous croyez, concernant la nature de la mort, ne sont que des hypothèses, toutes aussi probables les unes des autres.

La transformation dangereuse d'une croyance en certitude

Je pense simplement à certains groupes religieux, qui sont prêts à se tuer pour faire valoir leur cause. Mais ceux-là sont persuadés qu'ils seront préservés par leur Dieu, et qu'ils iront tout droit au paradis. Cette croyance, ils la vivent comme si c'était une certitude. Ce qui signifie a priori que cette croyance très forte qu'ils ont leur donne sûrement une dose de courage, pour finalement mourir pour leur cause. C'est dommage, car rien n'est certain concernant la nature de la mort. La mort est ce qu'elle est, indépendamment des croyances que j'en ai ou que vous pouvez en avoir.

La transformation heureuse d'une croyance en certitude

Je vais d'abord définir une hypothèse, qui est une phrase qui a du sens, et qui est vrai ou fausse (une telle hypothèse est soit vrai, soit fausse, mais ne peut pas être vrai et fausse en même temps).

Une croyance est une hypothèse à laquelle vous attribuez un degré de réalisme, une probabilité d'existence, assez forte. Par exemple, je crois (à peu près à 70-80 %) que je continuerai à vivre après ma « mort », ce qui est par définition une croyance.

Mais si le degré de réalisme que j'attribue à une hypothèse est de 100 %, cette hypothèse devient, pour moi, une certitude.

Revenons à la mort. Si je pense que la vie continue une fois mort, je vais sûrement avoir plus de facilité à changer d'état que si je pense que la mort, c'est le néant. Quoique, concernant le néant, l'idée de s'endormir le soir ne fait pourtant peur à personne.

Concernant l'hypothèse du néant, si vous mourriez maintenant, et que ce serait comme une nuit sans rêve, peu importe le temps que vous passeriez à dormir. Que ce soit un an, un siècle, 100 siècles, ou plus, vous vous réveilleriez peut-être comme si vous étiez mort hier. Donc, soit le néant existe de façon définitive, et donc il n'y a pas de crainte à avoir, ni de question à se poser. Donc, si le néant existe, c'est pour toujours. Parce que si le néant existe temporairement, alors tout se passe comme si le néant n'existait pas du tout. Dans un tel cas, la vie continuerait éternellement et sans discontinuité. Donc, soit la mort est le néant pour toujours (un sommeil éternel sans rêve), soit la vie continue pour toujours. Personnellement, je pense que la vie continue pour toujours. Mais c'est juste mon avis. Ce n'est qu'une hypothèse que je ne peux évidemment pas prouver.

Pourquoi la mort est-elle perçue comme un évènement malheureux ?

Quand il y a un décès, on regarde la personne décédée et les gens qu'il y a autour d'elle. Ces gens sont malheureux d'avoir perdu cette personne. Une telle réaction émotionnelle est tout à fait normale.

Pourtant, pour ma part, je préfère penser à celui qui est parti, plutôt qu'à ceux qui restent.

Et si la personne décédée avait une maladie qui la faisait atrocement souffrir, penser qu'elle repose en paix est quelque chose d'apaisant. Mieux encore, penser que la personne disparue est peut-être heureuse dans l'autre monde est plaisant, et permet sans doute de faire son deuil plus facilement.

Pour ma part, j'ai perdu ma grand-mère il n'y a pas très longtemps. Je n'ai pas été triste, parce que j'ai pensé à elle, et pas seulement à ceux qui sont restés en vie. Où est-elle ? Je ne sais pas. Vit-elle toujours dans un autre « monde » ? Je ne sais pas. Est-elle heureuse ? Je ne sais pas. Peut-être que oui. En tout cas, elle ne souffre très probablement plus.

Concernant la mort, pourquoi il est préférable de ne pas connaître sa nature ?

Prenons pour exemple deux conceptions, l' « enfer » et le « paradis ». L'enfer serait quelque chose de bien pire que la vie. Et le paradis, au contraire, serait quelque chose de bien mieux que la vie. Mais supposons que la suite soit la même pour tout le monde, ce qui n'est pas forcément certain, mais supposons-le. Autrement dit, supposons que tout le monde aille au « paradis », ou que tout le monde aille en « enfer ». Une telle hypothèse est très probablement fausse. Mais supposons que cette hypothèse soit vraie. Supposons en plus que nous connaissions la nature de la mort. Autrement dit, supposons que nous sachions parfaitement laquelle de ces deux hypothèses correspond à la réalité, c'est à dire que nous sachions parfaitement que nous irons tous au paradis, ou tous en enfer.
Si nous étions certains que la mort était le paradis, il y aurait probablement un nombre de suicides très important, après avoir fait une telle découverte ! Resterait-il alors quelqu'un sur Terre, à terme ? Effectivement, si l'on veut être heureux, et si ce voyage nous porte vers un monde superbe, fait de joie, de plaisir, bref de bonheur, certains pourraient se demander pourquoi rester en vie.
Si au contraire, nous étions certains que la mort était bien pire que la vie, imaginez un peu les conséquences émotionnelles que nous vivrions chaque jour. Nous nous dirions peut-être à chaque instant quelque chose comme : « Oh non, pas aujourd'hui… ». La vie serait alors invivable, rien qu'à la perspective de devoir mourir.
La meilleure chose à faire est donc de ne pas savoir ce qu'est la mort. Bien sûr, si vous ne savez pas ce qu'est la mort, cela peut être

effrayant, certes. Mais si nous savions exactement ce qu'est la mort,
cela aurait des conséquences bien pires.

Ne vous posez donc pas de telles questions. Et ne cherchez pas ce
qu'est la mort. Il y a tellement d'autres projets beaucoup plus inté-
ressants! Vivons et soyons aussi heureux que possible à chaque instant. C'est un objectif tellement plus agréable!

L'Histoire

Cette partie a pour objet de vous présenter ma conception de l'Histoire. Je pris aux Historiens de m'excuser si cette conception leur
paraît quelque peu étonnante. Après tout, je n'ai jamais fait d'Histoire comme le font les Historiens. Loin de moi l'idée de faire du
révisionnisme. Cette conception est ma propre conception, celle
d'un philosophe, qui a réfléchi quelques instants à l'Histoire.

Prenons comme point de départ la deuxième guerre mondiale. De-
mandons-nous pourquoi les deux bombes ont été larguées sur le Ja-
pon.

Qu'en savent exactement les Historiens ? Ce qui est marqué dans
les documents qu'ils sont à leur disposition. Mais ces informations
correspondent-elles à la réalité ? Je n'en ai aucune idée.
Bien sûr, le Président Américain de l'époque (Harry S. Truman) savait probablement pourquoi ces deux bombes ont été libérées,
puisque c'est sans doute lui qui en a donné l'ordre. Mais en donnant
cet ordre, a-t-il donné à son armée des arguments en guise de justification ? Ou bien a-t-il dit dit la Vérité ?

Et même si ce Président en connaissait la raison précise, qu'il n'a
peut-être dit à personne, d'où peuvent bien provenir ces motivations
?
L'inconscient, s'il existe, pourrait être invoqué afin d'essayer de
comprendre précisément la motivation de chaque personne impliquée dans cette décision. Lui-même n'était peut-être pas conscient
des « causes inconscientes » qui auraient pu influencé ses cognitions, ses émotions et donc son comportement. Certes, nous pourrions utiliser l'inconscient, mais seulement en théorie. Parce qu'en
réalité, même s'il existait de telles « causes inconscientes », personne ne peut déterminer précisément ces causes. De nombreuses

hypothèses sont invoquées pour expliquer un fait, une situation, ou un comportement particulier. Mais ces hypothèses doivent conserver le statut d'hypothèses, car ce sont des hypothèses, et non des certitudes. En effet, de telles hypothèses ne pourraient de toute façon pas être testées et vérifiées expérimentalement dans l'état actuel de nos connaissances scientifiques et de nos moyens technologiques actuels.

Donc, quelle était la réalité à ce moment-là ? Comme en physique, on ne peut pas y avoir accès. Seuls les documents qui ont été écrits sont disponibles. Mais correspondent-ils à ce qui s'est réellement passé ?
D'ailleurs, le chapitre sur la relativité générale et la mécanique quantique m'a montré que même une description quantique d'un instant, d'un petit objet, serait sans doute horriblement compliquée. Alors imaginer les milliards de milliards de pages qu'il faudrait peut-être pour décrire un évènement historique. D'accord, on aurait accès à la réalité, en tout cas dans un formalisme quantique, mais aucun humain ne serait capable d'y décoder quoi que ce soit. Cette expérience de pensée, en plus de n'être que pure fiction, n'aurait pour nous, humains, aucun sens.

Comme « preuves », les historiens ne disposaient que de documents écrits, surtout avant la découverte et l'utilisation de caméras, de vidéos, de satellites, etc. De telles « preuves » concernant le passé ne reflètent pas nécessairement la réalité telle qu'elle s'est réellement produite. Même ceux qui ont vécu un événement particulier ne sont pas conscients de tout ce qui s'est passé, mais ont simplement la perception qu'ils avaient de ce qu'ils ont vus et vécus, lorsqu'ils se trouvaient dans un endroit précis, à un moment précis, tout en regardant un endroit spécifique. Bien sûr, leur perception ont pu avoir été modifiée par leurs émotions. Par exemple, si vous ressentez une peur intense, alors votre lucidité et votre raison peuvent être affectées, au point d'avoir une perception totalement déformée de la réalité.

Mais après tout, cette « réalité » dont je parle, qui pourrait en théorie être décrite dans un formalisme quantique, à quoi cela servirait-il de le faire ? A rien.

Par exemple, je peux dire que j'éprouve un sentiment de joie à un moment. Mais cet instant suffit à lui-même. Il n'est même pas nécessaire d'en donner la moindre description, et encore moins la moindre explication. Il faut le ressentir, le vivre, et c'est tout.

Certes, la physique permettrait en théorie d'accéder à la « réalité ». Mais à quoi cela pourrait bien me servir ? A rien. Mon but est d'être heureux, tout simplement, et non pas d'expliquer pourquoi je suis heureux dans le détail. Une explication scientifique ne sert qu'aux scientifiques dont c'est le métier, et aux ingénieurs, qui utiliseront cette explication pour inventer de nouveaux objets, qui devraient normalement avoir pour but de rendre notre quotidien plus heureux. Mais seuls ces objets sont importants. La façon dont ils fonctionnent n'a aucun intérêt pour celui, comme moi, qui a décidé que son but était d'être heureux. On peut s'y intéresser par curiosité, ou ne pas s'y intéresser du tout. Cela est sans importance.

D'autant que les mots n'existent pas en réalité. C'est nous qui les avons inventés à différents moments de notre Histoire. En dehors des humains, les mots n'existent plus. Ils peuvent être, et doivent être oubliés, pour laisser place aux sensations, à ce que l'on éprouve, là, maintenant. Y a-t-il besoin de mots pour décrire ce que l'on ressent ? Non. A moins que la formalisation d'une situation puisse aider à résoudre un problème, avec sa raison. Mais s'il n'y a pas de problème, pourquoi formaliser le réel ?

Revenons à l'Histoire.

Plus on remonte dans le temps, moins il y a de « preuves » fiables. D'une réalité inaccessible, et totalement incompréhensible en totalité dans le moindre formalisme, nous partons vers une sorte de fiction, si l'on remonte dans l'Antiquité.

Et alors ? Est-ce si grave d'écrire des choses qui n'ont peut-être pas
été réellement comme elles ont été décrites ?

Socrate a-t-il existé ? Je n'en sais rien. Et pourtant, je prends plaisir
(satisfaction intellectuelle) quand je lis les dialogues qui le mettent
en scène. Peu importe comment cela s'est effectivement passé,
l'important est que les écrits que je lis me servent à quelque chose.
Lire par exemple « Le banquet » de Platon, en plus de m'intéresser,
m'a permis d'avancer, dans mes idées, et donc dans ma vie. La philosophie est là pour aider à vivre mieux. La réciproque est fausse.
Vivre ne sert pas à philosopher mieux. A moins de décider que votre
but dans votre vie est de philosopher mieux. J'ai du mal à imaginer
quelqu'un emprunter une telle direction. Je pense qu'avoir un tel
but dans sa vie serait parfaitement déraisonnable.

Hitler, et la seconde guerre mondiale

Je préviens d'avance mon lecteur, qui risque fortement de sourire en
lisant ce qui va suivre. C'est le seul exemple vraiment démonstratif
que j'ai trouvé. J'en suis à l'avance navré, et je m'en excuse auprès
des historiens, qui comprendront très bien qu'il s'agit là d'une
simple réflexion philosophique.

Hitler est un homme, qui est issu, comme tout le monde, de la fu-
sion d'un spermatozoïde (de son père), et d'un ovule (de sa mère).
Au moment de la conception d'Hitler, une différence sensible dans
l'environnement ambiant (par exemple une différence de la température, ou bien alors un bruit sourd qui aurait retenti à un certain
moment), aurait peut-être, à quelques micromètres près, eu pour
conséquence l'arrêt de ce spermatozoïde par la glaire cervicale, et
une fille serait peut-être née à la place d'Adolf Hitler. Que se serait-
il passé alors ? Nul ne le sait. L'Histoire aurait été certes différente.
Mais à quel point ?

Cet exemple m'a fait réfléchir très rapidement à la mécanique quantique. Dans l'exemple décrit ci-dessus, une différence minime dans

l'environnement initial aurait peut-être provoquée le changement de la face du monde.

Et s'il en était de même pour les atomes ? Je crois me souvenir que la fonction d'onde d'un atome dépend de toutes les fonctions d'onde de tous les autres atomes. Et si deux atomes au présent étaient « liés » parce qu'ils résultent d'une histoire, au début de laquelle ils avaient une étroite dépendance ?

Et si tous les atomes étaient liés entre eux, et apparemment interdépendants, car ils résulteraient tous d'une origine commune : le big-bang ?

Après tout, vis-à-vis de ce point, les sciences ressembleraient un peu à l'Histoire : plus on remonte dans le temps, et plus ce que l'on raconte aurait tendance à s'écarter de ce qui a pu effectivement se produire.

La guerre et la paix

Je vais vous montrer ma conception de la paix et de la guerre. J'utiliserai l'exemple de Napoléon Bonaparte. Je vais essayer de ne pas faire de révisionnisme. Mais je vais vous donner ma propre opinion sur certains aspects de cette partie de l'Histoire.

Napoléon Bonaparte

Beaucoup considère Napoléon Bonaparte comme un héros, un chef brillant. Une telle opinion est tout à fait compréhensible.
Mais refaisons l'Histoire, en guise d'expérience de pensée. Prenons une machine à remonter le temps, et plaçons nous à l'époque de Napoléon Bonaparte. Supposons qu'il ait une grande armée qui soit faite de soldats qui me ressemblent, d'un point de vu des idées. Cela ne peut raisonnablement pas arriver, mais continuons tout de même cette expérience de pensée.
Mon chef, Napoléon, nous ordonne d'attaquer (ou de défendre). Mais bien sûr, je suis pacifique. Nous lui répondons donc tous en coeur : « Non, Monsieur Napoléon, nous ne ferons pas la guerre ». Supposons aussi que notre pauvre général ou président ennemi ait aussi des soldats qui me ressemblent, et qui, eux aussi, répondent : « Non, Monsieur, nous n'attaquerons pas ».

La guerre, une activité humaine

Comme vous l'aurez compris, s'il y a des guerres, c'est qu'il y a des hommes qui la font, ce sont les soldats ou les combattants. Et il y a des hommes qui décident de la déclencher (les présidents, d'autres chefs ou leaders). Si tout le monde tournait le dos à la guerre, et bien il n'y en aurait pas, par définition, et tout simplement.

La paix, une activité humaine (également…)

Alors que choisir si l'on tourne le dos à la guerre ? Sa négation bien sûr. La paix. A voir l'Histoire, on peut se demander ce qu'il y a de plus difficile pour les humains : faire la paix, ou faire la guerre ?

Pourquoi la guerre ?

Une guerre est une opposition entre deux groupes. Chacun des deux groupes a quelque chose qui les caractérise, qui les définit. Par exemple, lors de la seconde guerre mondiale, Hitler et son groupe de nazis étaient qualifiés, entre autres choses, par le désir de voir dominer ce qu'ils appelaient la « race arienne ». L'autre groupe se composait de ceux qui étaient opposés au nazisme.

S'il y a une guerre, c'est qu'il y a un conflit entre deux groupes.

Supposons qu'un jour, un pays précis soit opposé à un groupe dont le but est de détruire le pays en question.

« Ce pays est en guerre », que cela signifie-t-il ?

Le pays en question est un territoire géographique. Un bout de continent peut-il être en guerre ? Non, cela n'a pas de sens. Mais supposons qu'à l'intérieur de ce pays, il y ait un groupe, qui est en réalité opposé à un autre groupe étranger, qui est défini par des caractéristiques spécifiques: par exemple ses idées, sa religion ou une volonté de détruire le groupe en question ou son pays. Ce groupe qui est victime de cette attaque pourrait dire quelque chose comme : « Notre pays est en guerre ».

En fait, c'est un abus de langage. Il s'agit ici de ce qu'on appelle une métonymie. Plus précisément, la métonymie utilisée est appelée en latin: « Totum pro parte », qui signifie en français « prendre le tout pour la partie ». Dans notre exemple, nous dirons que le pays (appelé P) est en guerre avec un groupe X (par exemple un groupe appartenant à un autre pays). Mais en réalité c'est l'opposition d'un groupe restreint G (qui appartient au pays P) contre un autre groupe restreint (le groupe que nous avons appelé X), au moins au début du conflit.

Et vous? Vous sentiriez-vous en guerre ?

Si je n'appartiens à aucun des deux groupes spécifiques opposés, je ne serai en guerre avec personne. C'est justifiable. En effet, pourquoi lutter pour une cause que je ne soutiens pas ? Par exemple, dans certaines guerres passées, certains pays se sont opposés uniquement pour un territoire géographique. Peut-on provoquer dix millions de morts pour un bout de terre ?

Après tout, pourquoi me battre tout court, puisque je suis pacifique ?

La guerre apporte le désespoir car elle provoque la mort. Les morts ont une famille, peut-être une femme, des enfants. Mon objectif est d'être heureux. Alors pourquoi ferais-je quelque chose qui me rendrait malheureux?

Et si j'attribue à l'humanité le but de rester sur Terre le plus longtemps possible, tout en étant le plus heureux possible, pourquoi créer le désespoir, et donc être malheureux ?

L'expérience de la seconde guerre mondiale devrait être suffisant pour nous faire prendre conscience des souffrances causées par une guerre, et donc de la nécessité de ne pas provoquer de guerres. Selon vous, qu'ont ressenti les enfants juifs placés dans des camps de concentration ? Avez-vous vu des photos montrant ces personnes vivants dans des conditions abominables ? Pensez-vous vraiment qu'ils ont eu la vie qu'ils auraient dû avoir ? Ne pensez-vous pas que ces enfants auraient dû être heureux et connaître l'amour dans leur vie ?

Si tout le monde arrivait à cette conclusion : « Pourquoi se battre, après tout? », alors il n'y aurait pas de conflit. Malheureusement, c'est une utopie, car nous ne sommes pas tous pacifiques.

Le racisme, cause ou conséquence d'une guerre ?

Tout d'abord, définissons le racisme. Je vais en donner une définition très large. Le racisme est le fait qu'un certain groupe G déteste un autre groupe C précis. La raison de cette haine en sont les caractéristiques de chacun des deux groupes. Avec cette définition élargie du racisme, nous pouvons définir plusieurs types de racisme.
Il y a le racisme nationaliste. Définissons les deux groupes qui entrent en jeu. Par exemple, un groupe d'Espagnols fiers d'être Espagnols, qui se mettraient à détester les étrangers à l'Espagne, pour une raison quelconque.
Nous pouvons aussi, à titre d'exemple, définir d'autres types de racisme. Par exemple le racisme Blancs-Noirs. Ce groupe-là d'hommes blancs n'aimerait pas l'autre groupe du fait même de leur couleur. Et réciproquement, ce groupe-là d'hommes noirs n'aimerait pas l'autre groupe, pour la même raison.
Nous pourrions, aussi à titre d'exemple, définir le racisme qu'on pourrait qualifier de « professionnel ». Par exemple, un groupe de médecins, qui détesterait le groupe des infirmières, et réciproquement.
Avec cette définition très large du racisme, vous pouvez inventer d'autres types de racisme, si la résolution d'un problème passait par la définition d'un type précis de l'un d'entre eux.
Je vais répondre maintenant à la question posée au début de ce chapitre : « Le racisme, cause ou conséquence d'une guerre ? » Pour y répondre, considérons l'existence d'un type de racisme (par exemple nationaliste). Il est clair que l'existence d'une haine entre deux groupes précis peut engendrer un conflit violent entre ces deux groupes. Et réciproquement, si un conflit éclate entre les deux

groupes en question, les personnes qui n'étaient pas initialement concernées par le conflit peuvent aller jusqu'à détester l'autre groupe. Il s'agit d'un phénomène d'amplification, voire de généralisation du conflit. Certes non totalement rationnel, c'est une réaction comportementale et émotionnelle humaine. Cette fois-ci, les conséquences de la guerre ont débouchées sur la création d'un sentiment de racisme.

Pangea Nova : le futur ?

A l'époque de la formation de la Terre, il n'y avait qu'un seul continent : La Pangée.
De toute évidence, les Français sont un peuple soudé et forme un Pays, une Nation. Nous avons tous les Français des points communs : nous avons une Histoire commune, des idées communes, un président commun, un gouvernement commun, etc.
Mais n'oublions pas qu'avant d'être unie, la France était à l'époque des villages, qui s'opposaient entre eux pour certains.
Maintenant, nous formons La France.
Pourquoi n'en serait-il pas de même pour le Monde ? Il est vrai qu'en ce moment, en 2020, il existe des groupes qui s'opposent par certaines caractéristiques. Par exemple, il peut exister chez les deux groupes des idées différentes, une religion différente, une richesse différente (il existe en effet des pays très riches, qui contrastent avec l'existence de pays très pauvres). Ces conditions ne sont toutefois ni nécessaires, ni suffisantes pour engendrer un conflit.
Mais dans une dizaine de siècles, est-ce totalement déraisonnable de penser que nous pourrions être réunis au sein d'un pays commun : Le Monde ? Ce nouveau pays serait situé sur un continent, qu'on a un peu oublié : la Pangée. Nous pourrions l'appeler Nouvelle Pangée, ou Pangea Nova.
Si j'existais à cette époque, à la question : de quelle nationalité êtes-vous ? Je répondrais pangéen, ou terrien. Et à la question : d'où venez-vous ? Je répondrais : de la planète Terre.

Et si je ne faisais pas la guerre, qu'est ce que je pourrais faire ?

La paix bien sûr ! Mais au fait, comment fait-on la paix ? Cette question amène tout naturellement celle-ci : en temps de paix, que peut-on bien faire ? Est-ce qu'on s'ennuierait terriblement au point de vouloir retourner en guerre ?

Le bonheur. Eloge de l'égoïsme

Si je pense à mon bonheur et si je passe mon temps à chercher à être heureux, si vous en faites de même, vous ne pourrez pas vraiment vous ennuyer. Vous vous sentiriez égoïste de penser à vous, à votre bonheur ? Peut-être. Et alors ? Est-ce si grave que ça d'être égoïste et de rechercher des moments de bonheur ?
Pour ma part, je pense qu'il est hautement préférable d'être égoïste et de ne penser qu'à soi et à son bonheur, plutôt que de regarder les autres, et passer son temps à les détester pour ce qu'ils sont, ou pour ce qu'ils ne sont pas.

Le nazisme

J'espère que je ne ferai pas de révisionnisme dans ce chapitre. Et je m'excuse auprès de ceux qui ne jugerait pas Hitler de façon totalement négative.

Hitler

Je pense et vous pensez peut-être que Hitler est l'un des pires monstres que l'humanité ait jamais connus. Il voulait exterminer les « races » qu'il considérait comme « inférieures ».
Vous vous demandez pourquoi je parle d'Hitler. Voici mon raisonnement : Hitler était un homme politique et leader allemand « très spécial ». Mais comme vous l'avez probablement remarqué, il existe de nombreuses personnes « très spéciales » sur Terre. Par exemple, certaines personnes pensent que la race humaine devrait disparaître. Ces personnes sont-elles toutes dangereuses?
Les idées d'Hitler étaient celles d'une personne « originale ». Mais ce qui qualifie Hitler, plus que ses idées, ce sont les méthodes et les outils utilisés pour faire appliquer ses idées. Il a tué d'innombrables juifs et d'autres groupes ethniques, en particulier dans les camps de concentration. Ce qui est terriblement choquant, ce sont les morts causées par Hitler et par les autres nazis. Mais ce qui est le plus choquant, ce sont les souffrances qu'Hitler et son armée ont infligées aux êtres humains. Ces souffrances étaient par exemple la création de détresses émotionnelles majeures chez des êtres humains, des douleurs physiques terribles, et sans doute d'autres choses que nous ne pourrions même pas imaginer.
Supposons que le contexte historique ait été différent. Supposons qu'Hitler n'ait jamais eu l'occasion d'avoir le pouvoir en Alle-

magne. Dans ce cas, Hitler aurait été un original parmi tant d'autres. Il aurait essayé de partager ses idées et n'aurait peut-être jamais été au pouvoir. Dans ce cas, l'Histoire n'aurait même pas mentionné son existence. Bien sûr, le nazisme est un ensemble d'idées qu'il faut combattre.

Mais ce qui définit précisément Hitler et le nazisme, c'est ce qu'a fait Hitler et les nazis, les monstruosités qu'ils ont commises, les souffrances psychiques et physiques qu'ils ont infligées aux êtres humains.

Ce que nous devons absolument faire, ce n'est pas nécessairement combattre toutes les idées de tous les « originaux » de la planète. Mais nous devons empêcher par tous les moyens qu'un monstre accède au pouvoir et empêcher par tous les moyens qu'il tue ou commette d'autres atrocités s'il parvient au pouvoir, quelles que soient ses idées.

Comment partager ses idées ?

Pour ma part, je respecte toutes les idées. Mais je crois que pour les partager, les afficher, il faut absolument utiliser des moyens pacifiques. Nous pouvons utiliser les journaux, la télévision, Internet, les livres, les réunions, les conversations avec d'autres personnes. Ce qui qualifie une démocratie, c'est le fait que chacun peut avoir ses idées, quelles qu'elles soient.

Mais ce qui qualifie le nazisme, c'est l'utilisation de la violence, de la mort, de la souffrance physique et psychique, et plus généralement de toute méthode sadique pour forcer l'adoption de ses idées: camps de concentration, SS, etc.

La guerre

Je ne définirai pas explicitement la guerre. Je suppose que le concept de guerre est défini de manière intuitive et implicite chez vous.

Ce que je vais dire est absolument évident, une vraie tautologie : si tout le monde refusait de faire la guerre, il n'y aurait pas de guerre. Certaines personnes sont belliqueuses par nature, et déclenchent des guerres pour de nombreuses raisons: économiques, politiques, ou dans le but de prendre un territoire stratégique et vital pour leur pays, etc.

Ces raisons pourraient être considérées comme logiquement justifiées. Mais une telle logique est froide et complètement dépourvue de sentiment. L'application de telles logiques a de nombreuses implications, dont des conséquences humaines dramatiques.

Et moi ? Qu'est-ce que je fais ? Je m'intéresse à moi, et à mon bonheur.

Le bonheur. Eloge de l'égoïsme

Tout d'abord, définissons l'égoïsme. Est égoïste celui qui pense d'abord à lui et à sa relation amoureuse, ou bien au groupe auquel il appartient.

Vous pouvez penser à vous et vivre pour vous. Appelons cela l'égoïsme individuel. Vous pouvez penser à vous et à votre petite amie avant de penser aux autres. Appelons cela un égoïsme de couple. Vous pouvez penser aux médecins et agir dans leur intérêt avant de penser aux autres. On pourrait appeler ce type d'égoïsme un égoïsme « corporatif ». Vous pouvez d'abord penser aux Français et à leurs intérêts. Définissons ce type d'égoïsme comme un égoïsme patriotique ou nationaliste (patriotique si les intentions de la personne qualifiée de « patriotique » sont suffisamment « louables » et « humaines », et nationaliste si la personne qualifiée de « nationaliste » a des intentions peu vertueuses ou « peu humaines »).

À mon avis, l'égoïsme est utile. Je pense à moi et à mon groupe. Je veux que nous soyons heureux. Je suis occupé à m'occuper de mon bonheur et je ne pense pas aux autres, à ce qu'ils ont ou non, à ce qu'ils sont ou à ce qu'ils ne sont pas, aux idées qu'ils ont (ou qu'ils n'ont pas). Dans ce cas, comment pourrais-je penser à faire la guerre? Je suis occupé à construire mon bonheur, et c'est tout.

Le concept de construction du bonheur mérite un chapitre à lui tout seul.

Le bonheur se construit

Je peux être bien plus heureux à Lille plutôt qu'à Tahiti. Effectivement, le bonheur est le sentiment que j'éprouve quand je me sens bien, autrement dit quand je suis joyeux (joie), quand j'éprouve du plaisir sensuel et sexuel, ou quand je me sens reposé, détendu, zen, serein (plénitude). Je peux avoir une copine, avoir des centres d'intérêt, des ami(e)s, etc. Par exemple, si je sors boire un verre avec des ami(e)s, si nous plaisantons et passons un moment agréable, je serais probablement heureux (joie), ne serait-ce qu'un instant.

Si je suis à Tahiti, seul, sans ami(e)s, éloigné de tout, il y a fort à parier que je devienne malheureux.

Si j'habite à Lille, et si j'ai un cercle d'ami(e)s avec qui je passe de très bons moments, il y a fort à parier que je me sente bien (joie). Je peux donc être plus heureux dans une ville, en France ou ailleurs, plutôt qu'à Tahiti ou un autre endroit réputé paradisiaque.

Supposons que j'habite à Lille. Si je reste dans mon appartement, je ne verrai personne. Je ne vais donc partager de bons moments avec personne. Par contre, si je fais l'effort de sortir, je pourrai peut-être passer de bons moments.

Le bonheur n'est donc pas quelque chose que nous possédons a priori, si nous ne faisons rien pour tenter d'être heureux. Le bonheur se construit. Ou plutôt, nous construisons des situations concrètes qui seront susceptibles de nous rendre heureux.

Donc le bonheur ne se possède pas a priori. Il se construit. Ou plus exactement, nous construisons des situations qui génèrent des émotions de bien-être.

Une façon de fonctionner

Je souhaitais aborder ce chapitre, car je souhaitais vous montrer comment il est possible de fonctionner, en tout cas pendant un temps de sa vie, vis-à-vis des nombreuses incertitudes qui nous entourent.

Je vais parler de Blaise Pascal, entre autres. Ce que je vais dire de Pascal n'est que mon opinion, et est juste utilisé pour me permettre de décrire la façon dont j'ai fonctionné. Ce mode de fonctionnement pourrait vous intéresser.

Malheureusement, je n'ai pas vraiment eu le temps de lire Blaise Pascal (sauf le début des Pensées). Les connaissances que j'ai sur Blaise Pascal proviennent des cours de littérature que j'ai eu au lycée.
J'ai beaucoup d'admiration pour ce mathématicien et philosophe. Il a su conduire sa vie comme il l'a décidé, et nous ne pouvons que respecter ses choix, et admirer les découvertes qu'il a faites.

Bien sûr, je vis à une toute autre époque que celle de Blaise Pascal. Aussi, je souhaite ne pas faire d'anachronisme, encore moins le juger. Personne n'a le droit de juger un si grand philosophe.

Cependant, Blaise Pascal a pris une décision que je n'aurais jamais pu prendre. Je ne sais pas exactement comment il est arrivé à devoir faire ce choix. En effet, je ne connais pas sa vie, ce qui est dommage. Nous nous souvenons seulement des résultats qu'il a trouvés. Mais qu'aimait-il faire ? Avait-il des amies ? C'est la même chose pour Newton. Il ne reste de Newton que ses découvertes. Mais qui était-il ? Qu'aimait-il faire ? À quoi pensait-il quand il était seul ?

Revenons à Blaise Pascal. Pour une raison que j'ignore totalement, il a dû prendre position à un moment donné de sa vie sur l'existence de Dieu, ou sur son inexistence. Il a parié que Dieu existait. C'est un choix qu'il a fait, qui a eu des conséquences sur le reste de sa vie.

D'ailleurs, toute croyance a des conséquences dans les choix que l'on fait. Nos choix ne dépendent en fait pas de la réalité, mais de la croyance qu'on en a.
Par exemple, si vous croyez que Dieu existe, vous vous comporterez comme s'il existait effectivement. Au contraire, si vous croyez que Dieu n'existe pas, vous vous comporterez comme s'il n'existait effectivement pas.

Je ne pouvais pas fonctionner de la sorte. Cela m'était impossible. En effet, je pourrais me comporter comme si Dieu existait. Mais je dirigerais ma vie en fonction de cette croyance. Mais si Dieu n'existait effectivement pas ? J'aurais beaucoup de mal à accepter d'avoir fondé ma vie et mes choix sur quelque chose qui serait finalement faux.

Le contraire est aussi vrai. Si je me comportais comme si Dieu n'existait pas ? Alors je dirigerais ma vie comme si Dieu n'existait effectivement pas. Mais si Dieu existait malgré tout ? Alors j'aurais bâti ma vie sur quelque chose que je croyais faux, et qui est peut-être vrai.

Fort heureusement, je vous propose un moyen très puissant pour traiter ce genre de difficulté. Et je vous montrerai quelques exemples pour l'illustrer. Bien sûr, c'est la façon dont j'ai fonctionné pendant un moment. Vous pouvez l'adopter, mais vous pouvez la rejeter si vous la trouvez peu naturelle.

Partons encore dans le monde des sciences. Mais cette fois-ci nous examinerons la façon dont on se comporte en sciences face à une question que l'on se pose. Et je ne vous donnerai absolument pas mon avis sur telle ou telle théorie. Ce n'est pas le propos de ce chapitre.

Commençons par une question, qui ne présente aucun intérêt scientifique, mais qui a l'avantage d'être très simple. Le but de ce chapitre est la description des méthodes que nous utilisons en sciences. Et non la question elle-même, qui est simplement là pour illustrer les méthodes utilisées en sciences expérimentales (la physique ou la biologie par exemple).

Supposons que nous nous posions une question comme : la bactérie du tétanos peut-elle contaminer une souris et provoquer l'apparition du tétanos ?
Cette question, on l'appelle une hypothèse. Cette hypothèse est soit vraie, soit fausse. Il n'y a pas d'autres alternatives.
Quelqu'un qui n'aurait pas réfléchi à ce que sont les sciences expérimentales, pourrait avoir des croyances à propos de la question à laquelle nous tentons de répondre. Cette personne pourrait « penser » que la bactérie du tétanos peut contaminer une souris, et vous dire quelque chose comme : « Oui, je pense que c'est possible ». Le terme « penser » peut être ici remplacé par le terme « croire ». Une croyance est une pensée (une pensée est quelque chose qui apparaît à l'esprit). Mais une pensée n'est pas nécessairement une croyance (un fantasme est une pensée, qui peut être sous la forme de mots et d'images, mais ce n'est pas une croyance).
Revenons à notre préoccupation. Cette façon de se comporter (c'est à dire le fait de se contenter de « penser », dans le sens de
« croire ») peut être considérée comme « normale » et acceptable pour quelqu'un qui ne fait pas de sciences. Elle est inacceptable en sciences.
Cette hypothèse est soit vraie, soit fausse. Pour le moment, nous n'en avons aucune idée.

Nous avons de la chance, cette hypothèse est vérifiable. C'est à dire
que l'on peut construire une série d'expériences, qui permettront de
démontrer que cette hypothèse est soit vraie, soit fausse.
Une hypothèse qui est vérifiable est aussi qualifiée de falsifiable.
Prenons un ensemble de souris qui sont saines au départ. Injectons-
leur une substance, dont on est certain qu'elle contient la bactérie
du tétanos. Et prenons un autre ensemble de souris, à qui l'on n'in-
jectera pas la bactérie du tétanos. Attendons suffisamment longtemps, et observons ce qui arrive à ces souris. Dix jours plus tard,
nous comptons le nombre de souris encore en vie. Selon le nombre
de souris vivantes dans chacun de ces deux groupes, nous pouvons
fortement suspecter que la bactérie du tétanos est responsable (ou
pas) de la mort des souris. Si c'est le cas, nous pouvons prélever du
sang chez les souris mortes et nous pouvons essayer de « voir » si
des bactéries du tétanos sont présentes ou non sur les prélèvements,
en essayant de mettre en évidence la bactérie à l'aide d'un micro-
scope.
Pour ma part, pour régler certains problèmes que j'ai rencontrés et
qui étaient difficilement gérables autrement, j'ai adopté cette méthode, qui a fait partie de ma personnalité et de ma façon de fonctionner pendant un certain temps. Cette façon de se comporter devant tout problème était devenue pour moi, naturelle, et surtout nécessaire.

Autrement dit, chez moi, le concept de croyance n'existait plus.
C'est pourquoi je ne pouvais pas, par exemple, décider de croire
que Dieu existe ou bien que Dieu n'existe pas. C'est un comportement qui ne m'était plus possible. Je ne pouvais tout simplement
pas accepter de fonder mon comportement et mes choix sur quelque
chose d'incertain.

Donc, les croyances chez moi se sont transformées en hypothèses.
J'ai étendu ce concept d'hypothèses à toutes les questions, dont
celle concernant l'existence de Dieu, et toutes les autres.

Prenons un autre exemple, théorique et inutile en pratique. Mais cet exemple a l'avantage de vous illustrer la méthode que je vous propose.

Si je vous demande si x appartient à E, que me répondez-vous ?
Je suis persuadé que la première question que vous me poseriez est celle-ci : qu'est-ce que x ? Qu'est-ce que E ?
Si je vous dis que x est le nombre 2, et que E est l'ensemble des nombres pairs, vous me diriez que la réponse est « oui », puisque 2 est un nombre pair.

Appliquons par exemple cette méthode au problème de l'existence de Dieu.
Afin de démontrer que Dieu existe (ou que Dieu n'existe pas), nous devrions dans un premier temps « définir » Dieu . « Définir » Dieu est quelque chose que je ne suis pas en mesure de faire, et que personne n'est en mesure de faire.
Malgré tout, si l'on suppose que nous pouvons « définir Dieu », l'hypothèse: « Dieu existe » est vraie ou bien fausse.

Or, certains pourraient chercher à vérifier une telle hypothèse, théoriquement ou expérimentalement. Mais cette hypothèse n'est pas vérifiable (elle n'est pas falsifiable) en 2020. C'est-à-dire que nous ne pouvons construire aucune expérience pour tester la validité d'une telle hypothèse. On ne peut donc pas, dans l'absolu, déterminer de façon certaine, que Dieu existe ou qu'il n'existe pas.
Alors je ne sais pas. Et je m'arrête là. Puisque je ne peux pas savoir de façon certaine si cette hypothèse est vrai ou pas, alors je ne sais pas, et c'est tout.
Si vous vous comportez comme moi, vous devrez apprendre à vivre en grande partie avec des incertitudes. Pour moi, ce n'est plus un problème. Mais quand une situation précise s'est présentée alors que je n'étais encore qu'au lycée, j'ai eu beaucoup de mal à gérer cette situation. C'est pourquoi commencer à philosopher était pour moi une nécessité.

Lorsque j'étais interne en médecine du travail, pour des raisons personnelles (en lien avec mon bien-être, de façon certes assez inattendue), j'ai dû me lancer dans la physique. Heureusement, j'ai étudié la physique dans les « Le cours de physique de Feynman ». J'ai eu la chance d'avoir été formé par le professeur Feynman. Le professeur Feynman utilise une approche qualitative pour enseigner la physique, ce qui est un excellent moyen de comprendre ce qu'est la physique. À mon avis, lorsque nous étudions une discipline, il est absolument nécessaire de comprendre ce qu'est cette discipline, il faut donc faire de la philosophie. Même si une telle formation philosophique se limiterait à certains sujets, ceux qui sont en rapport avec la discipline en question. Ainsi, pendant ma « formation » en physique, au fur et à mesure de mes progrès en physique, la possibilité de s'appuyer sur des certitudes s'estompait de plus en plus. Comme c'était facile au collège, quand nous étions certains que nous étions faits d'atomes, des sortes de boules autour desquelles gravitaient des électrons, des objets que nous pensions parfaitement réels et parfaitement connus.

Bien sûr, plus nous avançons, plus nous nous rendons compte que les connaissances que certains considèrent comme des certitudes ne sont que des théories et que nous n'avons aucune idée de ce qui se passe vraiment au sein de la réalité. De plus, « électron » est un mot, un concept qui a été inventé au cours des siècles passés pour expliquer certaines expériences. Mais comme tout concept, il n'existe que parce qu'il a été inventé. En fait, plus nous progressons en mécanique quantique, et plus cette « chose » devient « étrange » et inaccessible. Je ne m'y intéresse d'ailleurs plus. Je suis passé à autre chose.

Donc, essayons d'appliquer cette méthode à des situations de la vie courante, ce qui a bien plus d'intérêt.

Comme d'habitude, faisons une expérience de pensée.

Imaginez que vous rencontriez une fille et que vous vous demandiez si elle éprouve des sentiments à votre égard. C'est une hypothèse comme une autre. Si vous prenez un sentiment particulier (par exemple, le sentiment amoureux), cette hypothèse est vraie ou fausse.

Si vous n'avez pas la réponse à cette question, alors vous ne pouvez tout simplement pas savoir quels sont réellement les sentiments de cette fille à votre égard (et plus généralement, vous ne pouvez pas connaître la nature des sentiments qu'une personne quelconque éprouve à l'égard d'une autre personne). Et si vous n'avez pas une telle réponse, vous devez apprendre à vivre avec ce genre d'incertitude. Autrement dit, vous devez accepter de ne pas avoir la possibilité de connaître la réalité dans de nombreuses circonstances. Cependant, cette hypothèse est vérifiable. Il vous suffit de lui demander. Imaginez donc que vous alliez voir cette fille, et vous lui demandez si elle éprouve des sentiments à votre égard. Elle peut vous dire « oui » ou « non ». Il n'y a pas d'alternative d'un point de vue logique. Bien sûr, en réalité, c'est beaucoup plus compliqué, car la résolution naturelle d'une telle situation est émotionnelle. En effet, ce qui n'est pas dit (les comportements spontanés qui sont la conséquence d'un mélange d'émotions, de pensées, de sensations, etc.) est de loin le plus important (ce qui est heureux).

Bien sûr, si elle dit: « oui », alors elle peut mentir ou dire la vérité. Elle peut dire: « oui » car c'est effectivement le cas. Elle peut dire: « oui » même si ce n'est pas le cas, par exemple pour provoquer en vous la genèse d'une émotion ou un comportement particulier. La genèse de telles émotions ou comportements chez vous modifiera naturellement la situation et générera par la suite d'autres émotions, sensations et pensées, et donc de nouveaux comportements, etc.

Si elle dit non, elle peut mentir ou dire la vérité.
Si c'est la vérité, le problème est réglé.
Si ce qu'elle a dit n'est pas la vérité, elle vous a dit « non » pour une raison précise. Quelle que soit la réalité émotionnelle qu'elle

vit, elle a peut-être dit « non » parce qu'elle ne veut pas aller plus loin avec vous. Dans ce cas, c'est une façon de faire comme une autre. Si elle décidait d'utiliser un tel argument, elle aurait parfaitement le droit de le faire. Chacun est libre d'adopter le comportement qui lui paraît le plus adapté, quelle que soit la situation.
Elle a peut-être dit « non » parce qu'elle a déjà un petit ami, ou peut-être pour d'autres raisons.

Pour la situation de notre expérience de pensée, une façon de se comporter est celle-ci : quelle que soit la réalité, l'important est la décision finale qui sera prise par les deux protagonistes.
D'un point de vue purement logique, pour qu'il y ait une relation entre deux personnes, il faut que les deux protagonistes (lui et elle) veuillent vivre une telle relation.
Il suffit donc que l'une des deux personnes (lui ou elle) ne veuille pas vivre de relation pour qu'il n'y ait pas de relation.
Certaines hypothèses sont facilement vérifiables. Par exemple, si vous avez pris une photo lors d'une fête où vous étiez avec vos amis, la photo vous montre clairement qu'un ami en particulier était à cette fête à ce moment-là, s'il est sur la photo. Il s'agit d'une preuve.

Certaines hypothèses sont plus difficilement vérifiables. Par exemple, vous êtes policier et vous demandez au supposé voleur si c'est lui qui a volé les bijoux dans ce magasin. Il vous répondra peut-être oui, ou plus vraisemblablement non. S'il dit non, il peut dire la vérité ou mentir. C'est le début d'une enquête, où vous serez à la recherche de preuves, qui vous permettront de prouver que c'est lui qui a cambriolé le magasin, ou que ce n'est pas lui. Par exemple, si à l'heure du cambriolage, une caméra d'un supermarché à 1000 km du lieu du cambriolage l'a filmé en train de faire ses courses dans ce supermarché, la preuve sera faite : ce n'est pas lui.

La grande majorité des hypothèses n'ont pas besoin d'être vérifiées. Je vais en donner un exemple très simple (et d'ailleurs totalement inutile dans notre vie quotidienne). Je peux être à New York et je peux penser à un moment donné qu'il ne pleut pas à Paris. Mais cette information n'a absolument aucune importance pour moi au moment où je me poserais une telle question. Il est donc strictement inutile de vérifier que cette hypothèse est vraie ou bien qu'elle est fausse.

Pour ma part, en plus d'avoir appris à vivre sur un flots d'incertitudes, je limite maintenant fortement le nombre des hypothèses, et je ne cherche même plus à les vérifier.

Chers lecteurs, je vous propose d'oublier les hypothèses, sauf si c'est votre métier bien sûr. Par exemple, si vous êtes biologiste, vous allez avoir besoin de considérer certaines hypothèses concernant votre domaine, hypothèses que vous tenterez de confirmer ou d'infirmer.

Mais pour tout le reste, vous pouvez décider d'oublier tout type d'hypothèse (même celle concernant Dieu), donc quasiment toutes. D'ailleurs, en sciences, nos théories ne sont que des hypothèses. C'est en tout cas ce que j'ai fait pendant longtemps. Car la très grande majorité des résultats sur lesquels on se repose sont des hypothèses, ou des théories, qui sont par essence des vues de l'esprit d'un monde réel qu'on ne connaît pas.
Tout ce dont je suis sûr, et tout ce dont vous êtes certains, c'est que vous avez des émotions, des sentiments, des désirs, et ressentez des sensations au moment présent.
C'est la seule chose qui soit sûre, et puis après tout, c'est la seule chose qui importe.
Les hypothèses, les mots, les concepts, tout cela peut être oublié.
Car ils n'ont aucune importance, à moins bien sûr que votre métier nécessite de considérer certaines hypothèses, certains mots, ou certains concepts.

Je reviens simplement à l'hypothèse de l'existence de Dieu. Même si cette hypothèse a un impact négligeable dans ma vie, j'ai construit un outil très simple afin de pouvoir gérer cette question. Ce concept est le degré de vraisemblance (ou le degré de réalisme) attribué à une hypothèse. Le degré de réalisme est en quelque sorte la « probabilité subjective » que nous donnons à une hypothèse quand il n'y a pas suffisamment d'événements certains (c'est-à-dire d'événements qui sont vrais à coup sûr) pour avoir la possibilité de calculer une probabilité « objective » (c'est-à-dire la probabilité que notre hypothèse soit vraie, sachant que nous connaissons certains aspects de la réalité de façon certaine).

J'ai été très schématique, quand je vous ai expliqué la méthode scientifique que j'ai appliquée à n'importe quelle question, pendant une certaine période de ma vie.
Mais depuis, j'ai grandi. Maintenant, je suis beaucoup plus nuancé. Et bien sûr, mes conceptions ont évolué au fil du temps.
Maintenant, je « pense » que Dieu existe, avec un degré de réalisme d'environ 80 %.
En d'autres termes, pour utiliser une expression qui vous est plus familière, je « crois » que Dieu existe. Je crois même aux différents dieux et déesses (même ceux et celles de l'antiquité grecque et romaine). Mais je n'appartiens à aucune religion. Ce qui prouve que vous pouvez très bien croire en l'existence des dieux et des déesses sans appartenir à aucune religion.

www.ingramcontent.com/pod-product-compliance
Lightning Source LLC
Chambersburg PA
CBHW070706250726
48662CB00001B/274